JN252134

選択肢とつながりの保障、「生の不安定さ」からの解放を求めて
<ruby>選択肢<rt>オプション</rt></ruby>と<ruby>つながり<rt>リガチュア</rt></ruby>の保障、「生の不安定さ」からの解放を求めて

社会的養護のもとで育つ
若者の「ライフチャンス」

永野 咲
Nagano Saki

明石書店

はじめに

忘れられない光景が疼く

　私が、児童養護施設で生活する子どもたちと初めて出会ったのは、大学2年生の夏だった。児童養護施設での2週間の住込み実習をなんとか終え、心身ともに疲れ果てた私は「ようやく解放された」と思った。「自分の家」へ帰宅するために施設の門をくぐり、担当していた寮を見上げた私を、3歳のXくんがベランダの柵を両手で摑んでじっと見下ろしていた。2週間よく泣いていた彼が、泣くわけでもなく、何か言うわけでもない。Xくんの大きな瞳は、私をただじっと見ていた。次々と去っていくおとなたちを彼はどんな気持ちで見送ってきたのだろうか。私が「解放された」と思う過酷な環境で、彼は大きくなっていくのだろうか。私は愕然とした。それから、社会的養護のもとで暮らす子どもたちのことが頭から離れなくなった。

　大学院に進学すると同時に、児童相談所の一時保護所で嘱託職員となった。私は、ひどい虐待から保護された小学生のYちゃんに添い寝をしていた。眠れない夜、Yちゃんは「おとうとは星になったの」と静かにつぶやいた。小さい体でどれだけ過酷な経験を背負っていくのだろうか。私には、かける言葉も見つからず、Yちゃんのやわらかなお腹をトントンとし続けるしかなかった。

　その後、社会的養護の当事者団体の立ち上げにかかわり、若者たちを支援する職員になった。Zくんは、18歳で児童養護施設を退所したばかりだったが、退所後にも親に苦しめられ、求めに応じて大学に通うために働いて貯めたお金を渡してしまった。そして、ようやく進学した大学を続けられなくなった。ある日の昼間、アルコールの匂いをただよわせてやってきたZくんは「どうして僕だけがこんな目に……」とふらふらと崩れて泣いた。Zく

んの震える丸まった背中が忘れられない。

　Ｘくんは、Ｙちゃんは、今どこでどうしているのだろう。Ｚくんは、生き
て、彼の願った暮らしをしているだろうか。

　３人だけの話ではない。これまで、社会的養護のもとで育つ子どもたち／
育った若者たちと出会う中で、家庭からの保護を必要とした子どもたちに対
して、社会的養護制度のもとでも十分なケアが提供されていないこと、そし
て、措置解除後の暮らしにも、また多くの困難があることを痛感してきた。
社会的養護を必要とする子どもたちにあまりにも多くの不利が、不条理が集
積しているのではないか。

　しかし、いざ社会的養護のもとで育った若者の生活実態を調べてみると、
十分なデータが見当たらない。家族から「社会が公的に」保護し、「社会が
公的に」養育した子どもたちが、今どうしているかほとんど知られていない
のである。社会的な制度のもとで育ち、巣立った子どもたちの生活状況が把
握されていなければ、その制度が、子どもたちに対して「正しくあったか」
という検証も評価もなされない。まずはここから始めなければならない。

　そこで、本書は、社会的養護のもとで育つ子ども／育った若者たちの生活
状況を、科学的な方法で、正確に、把握することを第一の目的とした。

　そのうえで、「社会的養護が保障すべきもの」を英国の社会的養護制度改
革のキーワードであった「ライフチャンス」に求めた。後述するように、
英国の社会的養護制度の改革には、措置解除後の若者たちの生活状況を把握
し、その状況が社会的に許容されないとして社会の最優先課題になったとい
う経緯がある。

　本書では、この「ライフチャンス」の概念を紐解き、分析の枠組みとし
た。この枠組みから、社会的養護のもとで育つ子ども／育った若者たちのラ
イフチャンスの構造を、量的なデータと質的なデータの両面から明らかに
することで、ライフチャンスをどのように保障すべきか検討する。このこと
が、第二の、そして最大の本書の目的である。

序 章

社会的養護のもとで育つ若者の困難を捉える

（1）社会的養護を経験した若者の困難

1）社会的養護の役割

今日、「家族」は子どもを支え育む重要な役割とされる。しかし、「家族」はいつも「健康」で「幸せ」であるとは限らない。

保護者のいない子ども、親の抱える問題によって保護者とともに暮らすことが適切でないと判断された子どもたちを、公的責任において社会的に養育・保護するとともに、養育に大きな困難を抱える家庭への支援を行う仕組みが社会的養護である[1]。現在、社会的養護のもとには、45,000人の子どもたちが措置されており、その47.1%[2]が全国603か所の児童養護施設で生活している（厚生労働省2017a）。

児童相談所における虐待相談件数は増加の一途をたどり[3]、2016（平成28）年度の速報値では、12万件を超えた（厚生労働省2017b）。それに伴い虐待を理由に児童養護施設へ措置される割合も増加し、児童養護施設で生活する59.5%の子どもが被虐待体験を有していると報告されている（厚生労働省雇用均等・児童家庭局福祉課2017）。発覚していない被虐待体験や、マルトリートメント（不適切な養育）を含めると、さらに多くの子どもたちが保護以前の環境において十分な養育をうけていなかったことが想定される。

こうした子どもたちに対し、公的責任のもとで代替的養育を担う社会的養護は、衣食住の保障に限らない専門的ケアを提供し、さまざまな機会の回復を保障するというきわめて重要な役割を担っている。

2）社会的養護を経験した若者の困難

しかし、現状では、子どもたちに保護以前に奪われた機会の回復が保障されたかどうかにかかわらず、年齢要件（主に18歳）や家庭の意向によって社

会的養護の措置が解除され、社会への自立が強いられている。その結果、社会的養護を巣立つ若者の多くが、進路選択・社会生活への移行過程でさまざまな困難に直面することが報告されている。

　松本（1987）は、児童養護施設退所者の生活の基本的な特徴を、低位な労働生活と希薄な「社会的ネットワーク」の相互規定性により形成される「袋小路」的性格と結論づけ、青少年福祉センター（1989）は「強いられた自立」と訴えた。若者のホームレス 50 人に対する調査（特定非営利活動法人ビッグイシュー基金 2010）では、そのうちの 6 人（12％）が児童養護施設で育ったとの回答が示されている。

　社会的養護を措置解除となった若者が、社会の中で孤立し、居住・教育・保健・就労等の多次元の領域から排除され、困難を抱えさせられている姿が浮かび上がってくる。

（2）本書の目的：解決の糸口を探る

　こうした問題の解決を目指すには、2 つの課題を克服する必要がある。

1）措置解除後の生活実態を把握する

　一つには、社会的養護措置解除後の若者の生活状況について、より正確に把握することである。グッドマン（Goodman = 2006: 243）が、「児童養護施設の働きが成功したかどうか判定する最も重要な目安は、退所後に子らがどうなるかということであろう」と述べたように、公的な養育を提供する社会的養護は、ケアを提供した子どもたちがどのような生活を送っているのかを把握し、それをもとに自らが行ったケアについて評価を行うべきである。このことによって初めて、実際のニーズに応じた制度の改善が可能となるといえる。

しかし、わが国での措置解除後の現状把握は、現場からの報告や質的調査が主であり、特に量的把握においては、後述する自治体による退所後実態調査が実施された 2010 年に至るまでわずかなものであった。さらに、これらの自治体による調査においても、調査法等による限界が大きく、十分な把握がなされているとは言いがたい。こうした現状を鑑み、社会的養護のケアをうけた子どもや若者がどのような生活を送っているのか、多角的な把握・分析が求められている。

　そこで、本書では、質的調査と量的調査を組み合わせたトライアンギュレーション（方法論的複眼）の手法を取り入れ、多角的な方法で社会的養護措置解除後の生活実態のより正確な把握に挑む。

2）新たな方策を探る

　2つ目に、社会的養護を巣立った後の生活状況を把握したうえで、彼らに不利が集積しないための方策を見出すことが求められる。この問題を考えると、社会的養護の措置下（インケア）において「社会的養護が何を保障すべきか（すべきだったか）」という問いにたどり着くことになる。

　厚生労働省雇用均等・児童家庭局家庭福祉課（2015）が「社会的養護の基本理念」として掲げている内容は、社会的養護についての法的根拠の提示と基本的な定義にとどまっており[4]、「社会的養護の原理」としてあげている 6 点は、具体的な支援の取り組み内容である[5]。つまり、「何のために」これらの取り組みが必要なのかという共通したゴールが明示されていないのである。

　社会的養護の役割が「衣食住の提供を行うことのみではなく、18 歳を待つまで保護することだけでもない」ということについて多くの関係者は同意しているだろう。一方で、「社会的養護が何を保障すべきか」という命題への答えは、曖昧である。本書では、その答えを「ライフチャンスの保障」という概念に求め、そのために何が必要なのか、その考察を得ることを目的とする。

（3）本書の視座

1）社会的養護の形態論争を超えて

　社会的養護の形態をみると、施設養護である児童養護施設がその62.0％を担っている。厚生労働省雇用均等・児童家庭局家庭福祉課（2015）は、将来的に児童養護施設を小規模化し、本体施設の小規模グループケアで生活する子どもを3分の1、地域のグループホームで暮らす子どもを3分の1、里親家庭で暮らす子どもを3分の1にすることを目指し、社会的養護の形態を大きく変更する方向性を示した。

　近年では、家庭養育に委託される児童数の増加と児童養護施設入所児童数の減少がみられるようになったものの（図序-1）、ヒューマン・ライツ・ウォッチ（2014）は、依然として「施設型」社会的養護に偏重する日本の社会的養護体制を強く非難し、大きな改革を求めた。

　さらに、2017（平成29）年夏に出され、現在注目を集めている「新しい社会的養育ビジョン」では、「3歳未満については概ね5年以内に、それ以

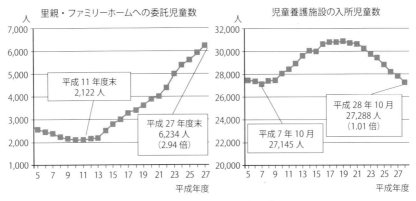

図序-1　委託・入所児童数の変化

出典：厚生労働省雇用均等・児童家庭局家庭福祉課（2017）

外の就学前の子どもについては概ね7年以内に里親委託率75％以上を実現し、学童期以降は概ね10年以内を目途に里親委託率50％以上を実現する」とし、数値目的をもって里親委託率を超強力に推進することを明示した。さらに、施設でのケアは、「ケアニーズが非常に高く、施設等における十分なケアが不可欠な場合」に限り、「高度専門的な手厚いケアの集中的提供を前提に」「小規模・地域分散化された養育環境」で実施されるものとされ、「その滞在期間は、原則として乳幼児は数か月以内、学童期以降は1年以内とする。また、特別なケアが必要な学童期以降の子どもであっても3年以内を原則とする」と明記された。このように具体的な数値を示し、社会的養護（育）における施設養育の役割を専門的かつ限定的なものに制限する方針が示された（新たな社会的養育の在り方に関する検討会2017）。

　こうした流れを受け、社会的養護の課題を論じる際に、養育形態の優劣に議論が終始する傾向がみられる。本書において実施したインタビュー調査からも、集団養護による制限をうけた経験をもつ退所者も多く、生活形態によって課題が生じていることも事実であろう。しかし、里親型の社会的養護を主流とする北米でも、社会的養護を離れた若者の生活の深刻さは共通する課題であり、形態の変更がすべての解決とならないことは自明の理である。問題の中心は、ケアを提供する形態ではなく、提供するケアの内容である。

　こうした観点から、本書では、ケア提供の形態に議論を終結させることなく、公的養育を行う制度としての社会的養護が、ケアの提供によって何を保障すべきなのか、その効果と責任に議論の焦点を当てる。

2）　入所理由——虐待の程度論争を超えて

　社会的養護を必要とする理由は、子どもたちによって多様である。時として、保護・入所以前にうけた影響の程度によって、子どもたちの回復の程度が決定されるかのような議論がある。たしかに、十分な養育をうけていた子どもが突然の両親との死別によって社会的養護を必要とする場合と、幼少期

から不適切な養育をうけ続けて保護された場合には、社会的養護のスタート地点で子どもが抱えるニーズは大きく異なるだろう。

　しかし、スタート（入所時）の状況の違いが、公的介入・公的養育を経た後のゴール（退所時点）の状況の違いを許容する正当な事由となるだろうか。入所時点のダメージや機会の欠如を社会的養護のもとで回復させることが社会的養護に課せられた役割である以上、入所時点の状況で退所時・退所後の状況が決定されると考えるべきではない。

　こうした視点から、本書では、社会的養護という公的制度の役割に焦点を当て、それぞれの子どもたちに対して、措置下において何を保障すべきか、社会的養護の責務について議論する。そのために、「ライフチャンス」という概念を導入、分析の枠組みとし、これまで断片的にまたは体験的に「過酷」だといわれていた措置解除後の生活状況を、人生を通した視点からより体系的・構造的に把握する。そのうえで、「社会的養護のもとでライフチャンスを保障する」ための方策について明らかにする。

（4）本書の構成

　本書の構成は以下の通りである。

　第１章において、本書の枠組みとなるライフチャンス概念の導入について、英国の社会的養護制度に与えた影響を確認したうえで、特にダーレンドルフの定義をもとに概念整理と定義を行う。

　第２章では、社会的養護を措置解除となった若者の生活実態把握についての先行研究を概観し、その到達点と課題を整理する。

　以降の章において、社会的養護のもとで育つ若者のライフチャンスの把握を行う。まず第３章では、自治体によって行われた４つの調査に対する二次分析と、児童養護施設に対するアンケート調査等によって収集した２つの一次データの分析から、社会的養護措置解除後のライフチャンスを量的に把握

する。

　第4章では、ライフチャンスの質的把握のために実施した社会的養護のもとでの生活を経験した若者21名へのインタビュー調査と分析の方法、その結果得られた概念の構造について述べる。そのうえで、第5章において、調査協力者のタイプごとに再文脈化したライフチャンスを明らかにし、「生の不安定さ」とライフチャンスの関係性について述べる。

　最後に、終章で社会的養護におけるライフチャンスの保障についての考察を得る。

注 ──

1　国連・子どもの権利条約には、家庭で生活できない子どもは「国が与える特別の保護及び援助を受ける権利」があり、国はそのための「代替的な監護を確保する」責任があることが明記されている。つまり、家庭で生活できない子どもを養育する責任は、国や社会にあるといえる。

2　厚生労働省（2017a）より算出。

3　児童虐待の発生自体が増加しているかどうかについては、検討の余地がある。たとえば、児童相談所全国共通ダイヤル等により虐待通告の意識が高まり一事案に複数の通告が寄せられている可能性があること、これまで潜在化していたネグレクトやドメスティック・バイオレンス（以下 DV）の目撃（面前 DV）等の心理的虐待が通告・相談されるようになったことという背景も指摘されている。

4　①子どもの最善の利益のために：児童福祉法第1条「すべて児童は、ひとしくその生活を保障され、愛護されなければならない」。児童の権利に関する条約第3条「児童に関するすべての措置をとるに当たっては、児童の最善の利益が主として考慮されるものとする」。②社会全体で子どもを育む：社会的養護は、保護者の適切な養育を受けられない子どもを、公的責任で社会的に保護養育するとともに、養育に困難を抱える家庭への支援を行うもの。

5　①家庭的養護と個別化：すべての子どもは、適切な養育環境で、安心して自分をゆだねられる養育者によって養育されるべき。「あたりまえの生活」を保障していくことが重要。②発達の保障と自立支援：未来の人生を作り出す基礎となるよう、子ども期の健全な心身の発達の保障を目指す。愛着関係や基本的な信頼関係の形成が重要。自立し

た社会生活に必要な基礎的な力を形成していく。③回復をめざした支援：虐待や分離体験などによる悪影響からの癒しや回復をめざした専門的ケアや心理的ケアが必要。安心感を持てる場所で、大切にされる体験を積み重ね、信頼関係や自己肯定感（自尊心）を取り戻す。④家族との連携・協働：親と共に、親を支えながら、あるいは親に代わって、子どもの発達や養育を保障していく取り組み。⑤継続的支援と連携アプローチ：アフターケアまでの継続した支援と、できる限り特定の養育者による一貫性のある養育。様々な社会的養護の担い手の連携により、トータルなプロセスを確保する。⑥ライフサイクルを見通した支援：入所や委託を終えた後も長くかかわりを持ち続ける。虐待や貧困の世代間連鎖を断ち切っていけるような支援。

第1章

新たな概念「ライフチャンス」の導入

「ライフチャンス」と「リガチュア」の表記について

「ライフチャンス」は、ダーレンドルフ（Dahrendorf＝1982）では「ライフ・チャンス」と表記されている。引用を使用する際は、原文のまま「ライフ・チャンス」と中点を付して表記する。また、「リガチュア」は、ダーレンドルフ（Dahrendorf 1979）で「Ligaturen」と表記され、その邦訳書（Dahrendorf＝1982）では「リガーチャー」、檜山（2011）では「リガチュア」と訳されている。その他の翻訳をみても、カタカナでの表記についてはこの両者が混在している。そのため、本書においては、引用部分についてはそれぞれの訳をそのまま使用し、その他の部分では英語「ligature」の発音により近いと思われる「リガチュア」を使用する。

日本では、長らく社会的養護を措置解除となった若者の生活実態が十分把握されてこなかった。一方、英国では、措置解除後の過酷な生活実態を明らかにし、ケアのもとにいる子どもたちのライフチャンスが容認できないほど低いことが社会に大きな衝撃を与え、これを契機に「ライフチャンスを最高度に保障する」ことを掲げた社会的養護の大改革が社会の優先課題として位置づけられ実施された。

　そこで、本書では、英国の社会的養護改革のゴールとして定められた「ライフチャンス」の概念に着目する。まず本章で、本書全体の枠組みとなる「ライフチャンス」の概念について、英国の社会的養護制度に与えた影響を確認したうえで、特にダーレンドルフの定義をもとに概念の整理と定義を行う。

（1）英国・社会的養護領域におけるライフチャンスへの注目

1）「ライフチャンスの保障」が生んだ社会的養護改革

　英国において社会的養護に関する制度の大規模な改革が実施された背景には、「ライフチャンスの保障」という政策用語の登場とその与えたインパクトが存在している。この「ライフチャンスの保障」という政策用語は、1997年の新労働党内閣（ブレア政権）における「社会サービスの現代化（Modernizing Social Services）」の一環として初めて登場したと考えられる。社会的養護の領域においても、この「現代化」が図られる中、1998年の政府白書 Modernizing Social Services（Department of Health 1998a）では、社会的養護を経験した若者（ケアリーヴァー[1]）の生活状況を調査した結果が公表された。それにより、①推定30%のケアを受けた子どもが、特別支援教育を必要とする状態である（一般的には2～3%）、②ケアを離れた若者のわずか25%しか中等教育修了の資格を持たない、③ケアを受けた14～16歳子ども

のうち、4分の1の子どもが、日常的に学校へ行っていない、④ケアを受けた子どもの67%に明確なメンタルヘルスの問題がある、⑤ケアを離れた若い女性の14～25%が妊娠・出産している（一般的には20歳時点で3%）、⑥社会的養護を受けている子どもの3分の1が、子どもの時代に野宿を経験している、⑦21歳以下の男性受刑者の39%、全男性受刑者の22%が、子ども時代に社会的養護を受けている、ということが明らかにされた（Department of Health 1998a: 57-58, 筆者訳）。

　そして、「（これらの）結果のすべては、ケアのもとにいる間の機会（opportunities）が乏しいこと、また一度ケアを離れれば、安定した生活のチャンスが低いことを示しており、ケアのもとにいる子どもたちのライフチャンスが容認できないほど低い」（Department of Health 1998a: 57, 筆者訳）と報告された。そして、保守党政権時代の「過去18年の社会的養護は完全な失敗と政府が公的に宣言した」（津崎 2013: 27）のである。

2）政策目標となった「ライフチャンスの保障」

　この事態をうけて実施されたクオリティ・プロテクツ（Quality protects）は、8つの到達目標[2]を掲げた。それらのうちの2項目には、「教育機会、ヘルスケア、社会的ケアによってニードをもつ子どものライフチャンスを最高度に保障する」「教育機会、ヘルスケア、社会的ケアによって社会的養護のもとにいる子どものライフチャンスを最高度に保障する」（Department of Health 1998b: 12-17, 筆者訳、強調は筆者による）ことが設定され、子どもたちの「ライフチャンスの最高度の保障」がキーワードとなった。

　そして、社会的養護の大改革が社会の緊急政策の一つに位置づけられた。ここでは、ライフチャンスを促進するための政府のアクションとして、大きく以下のことが示されている。「①良い教育の機会は、ライフチャンスを促進するために不可欠なものであるため、ケアをうける子どもの教育の改善に関するアクションを行うこと、②ケアへの入り口は、子どもや若者の健康

ニーズを識別するための重要な機会であるため、ケアをうける子どもの健康サービス改善に関するアクションを行うこと、③ケアにいる子どもたちに対する自治体の責任を 16 歳から 18 歳まで延長し、ケアを離れた子どものニーズに対応する新たな法的義務を立法すること」(Department of Health 1998a: 58-62, 筆者訳）である。このように、ライフチャンスの許容できない状況が明らかとなったことで、その保障が具体的な政策目標となったのである。

3) 改革がもたらした変化

　この変革の結果を受けて、2000 年に中間報告をうけた保健大臣は、「自治体の 60％はクオリティ・プロテクツ実施により児童家庭サービスがかなり改善し、全体では委託児養子縁組が増加し、ケアリーヴァーへの支援が改善され、委託児の学業達成が優先されるようになり、委託児の意見表明を重視する自治体が増えた」(津崎 2013: 29）と総括した。

　その後、2004 年に児童法（Children Act 2004）、2008 年に児童若者法（Children and Young Person Act 2008）が導入され、「ケアリーヴァーのライフチャンス保障による大人期移行達成を最終目的」(津崎 2013: 296）とした指針策定へ進み、英国におけるケアリーヴァーへの社会的自立支援は、法制度・実務的枠組みの「現代化」において一応の完成に達した（津崎 2013: 296）。こうした経緯によって、英国では、社会的養護の成果を測る主指標がケアリーヴァーの大人期への移行（社会的自立）の際に社会的排除に陥らないこと（と排除からの脱出）として国策に位置づけられ（津崎 2013: 297）、リービングケア施策の中心には「子ども中心のライフチャンスの質量保障」が掲げられた。

　このように、英国の社会的養護改革の背景には、措置解除後の過酷な生活実態が明らかにされ、この状況が社会的に許容されないものであるとして社会の優先課題として位置づけられた歴史がある。さらに、このことを契機として行われた社会的養護の大改革において、その到達点として掲げられたのは「ライフチャンス」の保障であった。

（2）ダーレンドルフの「ライフ・チャンス」

1）ラルフ・ダーレンドルフ（Ralf Dahrendorf）

　このライフチャンスの概念を軸に置いて論じた第一人者として、ラルフ・ダーレンドルフ（Ralf Dahrendorf　1929 ～ 2009 年）があげられる[3]。ダーレンドルフはドイツ生まれの社会学者で、ドイツ自由民主党所属の政治家でもあった。哲学からスタートしたダーレンドルフの研究は、社会学へと転換し、社会変動論や役割理論で独自の境地を開いた。また、研究者としてだけでなく政治家として現実政治への関与も深め、政治・社会理論を構築していった（檜山 2011）。さらに 1974 年には、ロンドン・スクール・オブ・エコノミクス（LSE）の学長に就任し、約 10 年間務めている。

　ダーレンドルフの思想の形成においては、自身が 15 歳のとき、反ナチ運動を理由に逮捕され、独房と強制収容所での生活を経験したことによる「自由への狂わんばかりの欲求」があり、彼の〈自由への希求〉の原点はここにある、とされる（加藤ら 2006: 215）[4]。このように、ダーレンドルフの思想は、自由主義の系譜につらなるものであるが、その中でも特にミル（John S. Mill）についてよく言及しており、人々がそれぞれの個性を自己の選択に基づき最高度に、また最も調和的に発展せしめることを至上のものとする立場である（Mill = 1971: 115-117）イギリス自由主義の影響を大きく受けている（加藤ら 2006: 215）。

　ダーレンドルフの研究史をまとめた檜山（2011）は、ダーレンドルフの業績に対する評価について、欧米での高い評価に反して、日本国内においては初期の階級理論や役割理論への言及にとどまり、これ以降の研究の理論的展開には目配りがされておらず、国内外での評価の落差が相当程度に及んでいると指摘している（檜山 2011: 17-18）。

　そこで、社会的養護領域へのライフチャンス概念の導入に先駆け、改めて

ダーレンドルフの提唱した概念について検討したい。

2）ダーレンドルフのライフチャンス概念

　ダーレンドルフは、「社会構造によって付与される個人の発展のための可能性」を「ライフ・チャンス」と名づけた。より詳細にいえば、彼は、ライフチャンスを「〈社会がその個人に付与している機会〉ないしは、〈社会でその個人がある特定の位置を占めることによって得ている機会の総計〉といった意味」（Dahrendorf = 1982: 49）と定義する。

　そのため、ライフチャンスは、社会の有り様によって相違があり、社会構造の変動によって変化するものである。また、同じ社会の中にあっても、集団や階層・階級によっても異なる。これは、パイの分配をめぐる問題のように、社会構造の仕組みによっても変化し得るものであるが、必ずしもゼロ・サムの関係にあるとはされておらず、他の人（または集団・階層）のライフチャンスを損なうことなく、ライフチャンスを発展させることも可能であると考えられている（加藤ら 2006: 232）。

　また、ライフチャンスとは、「たんに〈選択に付されている可能性〉という意味」（Dahrendorf = 1982: 52）ではない。たとえば、「選択肢が多ければ多いほど、その人の可能性は大きく、ライフ・チャンスも大きい、という言い方が出てくるが……全く誤った理解なのである」（Dahrendorf = 1982: 52）とし、いわゆるチャンス（機会）や選択肢の多さとは異なる概念であることを強調している。つまり、ライフチャンスとは、ただ単に選択（肢）の多様性を意味するものではなく、この点こそが、伝統的な自由主義思想と一線を画する彼独自の思考法といえる（檜山 2011）。

　そして、ダーレンドルフは、「ライフ・チャンス」を「『オプション』と『リガーチャー』」という二つの要素の関数」（Dahrendorf = 1982: 52）と定義する。

3）オプション（options）とリガチュア（ligatures）

①オプション（options）

　ダーレンドルフが定義するオプションとは、「それぞれの社会構造が付与している〈選択可能性〉、〈行為の選択肢〉のことである」（Dahrendorf = 1982: 52）。ダーレンドルフが「選択」ではなく「オプション」という言葉を用いているのは、オプションが「構造的な『選択』の機会」（檜山 2011: 107）を表すからである。

　つまり、オプションは構造的な選択の可能性であり、行動の目標と範囲を強調し、選択を求め未来に対し開かれたものである（Dahrendorf = 1982: 53）。

②リガチュア（ligatures）

　また、ダーレンドルフの思想の特徴であり、重要とされるのがリガチュアである。「リガーチャーとは帰属のこと」（Dahrendorf = 1982: 53）であり、社会的なつながり、家族や社会的階層などを指す。「それを『結びつき』とか『つながり』と呼ぶこともでき」（Dahrendorf = 1982: 53）るものである。より具体的なリガチュアとして、宗教、社会契約、歴史意識、郷土愛、家族感情という5つが例示されている。オプションと同様に、「リガチュア」と単なる「結びつき」「絆」との差異は、構造的か否かであり、構造的に定められた人間の行為領域がリガチュアの概念範囲である（檜山 2011）。

　このリガチュアという語は、そもそも医学用語であり、「くくること、帯、（外科手術等で部位を縫合する）結紮糸」を意味する言葉である。ダーレンドルフは、他の用語がもつ従来の語感を避けるために、リガチュアという用語を採用した。

　リガチュアの概念を紐解くと、大きく3つの要点をあげることができる。1つ目は、リガチュアが社会の中での位置を定めるものであるという点である。社会の中での結びつきやつながり、つまりリガチュアは、個人が占めている位置に意味を与えるものであり、「厳密な意味でその人の"場"を

しかと定める」（Dahrendorf＝1982: 68）ものである。2つ目には、リガチュア
が、行動の基盤をつくり、選択に意味を付与するということである。ダーレ
ンドルフは、「重要な側面は、（選択や行動に）意味を付与するものはリガー
チャーだ、ということ」（Dahrendorf＝1982: 68, 括弧内は筆者補足）と述べてい
る。さらに、3つ目に、リガチュアの方向性についての特性があげられる。
リガチュアは、「安定的なつながりや結びつきがライフ・チャンス（を高める
こと）の一側面」（Dahrendorf＝1982: 67）であると同時に、「リガーチャーは、
制約でもありうるわけで、そのうえ束縛となることもある」（Dahrendorf＝
1982: 67）ものである。要するに、リガチュアは、その性質によって、選択や
行動を促進するものになることもあれば、足枷にもなり得るのである。

　総じて、リガチュアは、社会の中で個人の位置を定め、行動や選択に方向
づけや意味を与えるものである。また、リガチュアの質によっては、足枷と
して個人の行動機会を縛りつけることもあるが、リガチュアがまったくなけ
れば、立つ場を定めることができず、意味をもった選択を不可能にする。

③オプションとリガチュアの相互関係

　ダーレンドルフの「ライフ・チャンス」概念を構成する「オプション」
と「リガチュア」であるが、この両者の関係性が非常に重要である。彼は、
オプションとリガチュアの関係について、「相互に独立して変化しうるもの
であり、時点ごとに、その二要素の結び付きかたがそれぞれあって、それに
よってチャンスのあり方が決定され、それが社会での人々の生活を規定して
いる」（Dahrendorf＝1982: 52）とする。

　さらに、両者の関係性を次のように例示している。

　　　リガーチャーという要素は、人間とその行動とを根づいたものにする
　　 もので、意味を付与するものであるのに対し、オプションは行動の目標
　　と範囲とを強調するのである。リガーチャーは結びつきを生み出し、行
　　動の基盤を創るのに対し、オプションは選択を求め、未来に対し開かれ

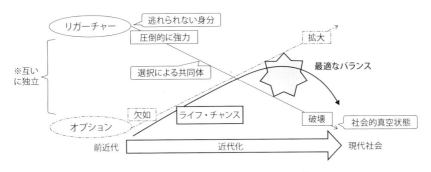

図1-1　ライフチャンスと近代化のモデル

出典：Dahrendorf（＝1982）より筆者作成

たものなのである。(Dahrendorf = 1982: 53)

　この関係について、ダーレンドルフは、近代化をもとに説明を加える（図1-1）。彼によると、前近代は家族、身分（カースト）、種族、教会、奴隷制（封建的従属関係）が圧倒的に強力であり、逃れられない身分ともいえる社会的結びつき（社会的拘束、足枷的リガチュア）がほとんどの人々の生活を支配しており、個人の自由な選択肢はその社会にはほぼ存在していなかったといえる。「多くの点で、すべてがリガーチャーであり、オプションの欠如した状態にあった」のである（Dahrendorf = 1982: 53）。つまり、前近代は、社会的につくられた身分や立場（足枷的リガチュア）が、個人の行動を大きく制限していた時代であり、これによってライフチャンスは制限されたものであった。

　しかし、近代化に伴い、「リガーチャーを破壊することによって、選択の可能性を拡大してきた。……家族や村がもはや運命共同体ではなくなり、だんだんと〈選択による共同体〉になってきたことを意味していた。……次第に人々は、どこに属していようと、何をしてもかまわないようになって」（Dahrendorf = 1982: 54）きた。つまり、近代化によって、それまで存在していた身分制度などの足枷的リガチュアが崩壊し、制限をうけていたオプション

が拡大、その結果として個人の行動の自由度は増し、ライフチャンスが増大していったといえる。

　しかし、リガチュアが減少し続け、オプションが拡大し続ければ、ライフチャンスも拡大し続けるのかといえば、そうではない。ダーレンドルフは、「ここでとりわけ重要なのは、結びつきの減少、さらには結びつきの究極的な消滅が、あるところまでは選択の増加を伴うものであって、またおそらくその原因ともなっているのだが、その点を越すと、選択に意味がなくなりはじめることである」（Dahrendorf = 1982: 54）とする。つまり、リガチュアは社会的つながりから個人の行動に意味を付与するものであるから、リガチュアが適切なある地点を越えて減少したり消滅したりすることは、個人がオプションから行動を選択する理由の消滅を意味する。

　ダーレンドルフは、近代化以降の「結びつきの破壊は、ライフ・チャンスを減少させ、それが今や生存のチャンスを再び危機に陥れるところまで進んでいるのである」（Dahrendorf = 1982: 60）と指摘する。さらに、このリガチュアが崩壊した状況を〈社会的真空状態〉〈社会的砂漠〉（Dahrendorf = 1982: 54）と表現し、「候補者や政党の名前が全く記載されていない投票用紙を手渡され、誰かに、あるいはどの党かに投票するように言われるのと同じである」（Dahrendorf = 1982: 54）とたとえた。つまり、近代化によって増大した多数の選択肢（オプション）を前にしても、選択を支える意味や価値がなければ、その選択は空虚なものになるということである。そして、この選択に意味を付与しているのはリガチュアであり、リガチュアの伴わないオプションのみの拡大は、ライフチャンスの高度化を意味しないのである。

　総じて、「オプションが最大になったからといって、そのままライフ・チャンスが最大になるということはない」（Dahrendorf = 1982: 53）し、またその逆もない。オプションが無数にあったとしても、リガチュアがなければ、オプションから選択する行為に価値を付与することができない。そのため、「オプションを欠いたリガーチャーは抑圧的であり、リガーチャーを欠いたオプションは無意味なのである」（Dahrendorf = 1982: 53）。

　つまり、バランスのとれたリガチュア、すなわち社会的なつながりや絆がなければ、増大したオプションをいかしてライフチャンスを増大させる結果にはならない。

4）ライフチャンスの高度化[5]

　こうした関係性から、ダーレンドルフは、「オプションとリガーチャーの両変数の間に最適の関係がありうることを意味している」（Dahrendorf＝1982: 53）とし、オプションとリガチュアの最適関係こそが、ライフチャンスを最大にする要であるとする。

　またオプションやリガチュアは、一見「両者は反比例の関係にあるような感じを与えるが、これは経験的にそうなのであって、論理的なものではない。……二つの変数は、（それぞれが別に）増大することもあれば減少することもある」（Dahrendorf＝1982: 54, 括弧内は筆者補足）とする。オプションとリガチュアは反比例の関係ではなく、「選択とつながりの双方を手にすることができること、および、一方の増大が必ずしも他方の減少を意味しないこと、これを強調しておくことは、なお重要」（Dahrendorf＝1982: 56）なのであり、つまり、「両者は理論上、独立に変化し、別個に測定されるもの[6]と考えられている」（加藤ら 2006: 232）。

　そして、ダーレンドルフは、以下のように総括する。

　　その上に重要なことは、オプションとリガーチャーの座標の全体的システムが前進しうるものであって、それゆえ、両者のレヴェルの高度化が達成されるということである。……所与のオプションとリガーチャーの間に最適のバランスを探すことによって、ライフ・チャンスが増大させられるばかりでなく、オプションとリガーチャーの両者を増大させることによっても、ライフ・チャンスを増大させることができるのである。実際、そのように人間に潜在可能性を高めるようにすることが、自

由の積極的追求の本来の課題なのであろう。(Dahrendorf＝1982: 56)

　つまり、ダーレンドルフのいう「ライフチャンス」を高めるには、①オプ
ションだけでなく、選択に意味を付与するリガチュアにも重きを置くこと、
②オプションとリガチュアの適切なバランスを探索すること、③オプション
とリガチュアの両者をそれぞれに高めることが重要であるといえる。

（3）先行研究で使用される「ライフチャンス」

　次に、ダーレンドルフ以外の先行研究における「ライフチャンス」という
語の用いられ方を検討し、本書での定義との相違を確認する。

1）英国・社会的養護領域での「ライフチャンス」

　上述したように、英国の社会的養護改革の目標として示された「ライフ
チャンス」であるが、この「ライフチャンス」が何を指すか、Modernizing
Social Services 等に具体的な定義は見当たらない。
　しかし、明らかとされたケアリーヴァーの生活状況において、「ホームレ
スであること、受刑者となること、精神保健上の問題があること、十分な教
育がうけられず、若年での妊娠出産が起こり得る状況」は、結果的に「ライ
フチャンスが低い」とされていることから、翻って、これらのリスクがない
状況がライフチャンスの高い状況を示すとみなすことができる。また、同時
にライフチャンス保障のために示された具体的アクションからは、教育およ
び健康状態の促進がライフチャンスを高めるものとしてあげられている。
　このように、白書である Modernizing Social Services は具体的な制度設
計を目的としたものであるため、理論的な概念定義ではなく、政策としての
アクションの列挙が行われている。その中からは、教育や健康状況、居住環

境等の結果等、制度化に直結するであろうオプションを重視し、ライフチャンスを計る傾向がうかがえる。

2）日本の子ども・若者の領域における「ライフチャンス」

子ども・若者領域における先行研究で用いられるライフチャンスという語は、進路選択に直面することの多い子ども期の特徴を反映して、具体的な子どもの選択肢や行動の結果を表していることが多いと考えられる（小西2007; 2008, 西田 2005）。その場合には、特にオプションとしての選択肢がライフチャンスとして理解されている可能性がある。

また、ダーレンドルフが指摘したリガチュアについては、子ども期の特徴として、「家族」の役割や社会的階層が選択肢（オプション）に影響をもたらすことが示されているが、それらがライフチャンスを構成する要素であるとの指摘は希薄である。

つまり、ライフチャンスについて、オプションとリガチュアの双方の視点からの検討は十分ではなく、特にリガチュアはオプションに影響を与えるものとして副次的に捉えられている可能性がある。

（4）本書におけるライフチャンスの定義と理論的特徴

最後に、改めてダーレンドルフのライフチャンス概念の特徴を確認したうえで、本書におけるライフチャンスの定義と操作化について述べる。

1）ダーレンドルフの「ライフチャンス」概念の功績

ダーレンドルフのライフチャンス概念の功績は、オプション概念の整理とともに、リガチュアという要素を持ち込んだ点にある。伝統的な選択の自由

の議論では、ダーレンドルフが定義したリガチュアは、自由を拘束するもので、選択の自由を拡大するためにはそれから解放されるべきものであると捉えられてきたむきがある。

また、もともと自由主義は合理主義的要素を多く含んでいたので、情緒のもつ重要性に気づかないできたきらいがあり、オプションの増大のみに気を奪われて、リガチュアを軽視し、結局はリガチュアの減少によってライフチャンスを後退させてきた面がある（加藤ら 2006: 235）。これに対して、ダーレンドルフの新しい自由主義は、より深い人間理解に基づく独自な自由主義思想となっている。

檜山（2011）は、「人の選択の可能性（オプション）とは、自由に空を駆け上がる『翼』であり、絆（リガチュア）とは大地深く下ろした『根』とも言える。ダーレンドルフの場合、この『翼』と『根』の両面で人間像が把握されており、いずれを欠いてもより良き〈ライフチャンス〉は成り立たない、と想定されている」（檜山 2011: 108）と評価する。

以上のことから、本書ではダーレンドルフの理論の有用性を確認し、援用することとする。このライフチャンスの概念の重要な点は、選択肢やつながりの状況は、個人の能力や責任に終始するものではなく、社会的に構築されるものであるという視点である。また、ライフチャンスを把握するには、オプションとリガチュアの両方の状況を捉える必要があり、オプションのみの拡大を目指すのではなく、選択に意味づけをするリガチュアとの適切なバランスを模索することが重要である。つまり、ライフチャンスは、オプションを高めるだけでなく、リガチュアの最適の組み合わせを保障することで増大していくと考えられる。

2）本書におけるライフチャンスの定義

さらに、本書では、ダーレンドルフの定義を援用し、「ライフチャンス」を「社会的に構築された選択肢（オプション）と社会的なつながり（リガチュ

ア）の相互作用により決定される行動の機会」であると定義する。

　このオプションとリガチュアの定義と区別について、ダーレンドルフ自身もライフチャンスの概念とその諸要素を定義づけ、操作可能なものとするのはそれほど容易ではなく（Dahrendorf＝1982: 51）、「とりわけ、オプションとリガーチャーの観念上の識別と、概念上の組合せに関する問題」（Dahrendorf＝1982: 116）があると記述している通り、具体的なデータを用いた論証という課題が残されている。

　そこで、本書では、ライフチャンス概念を支えるオプションとリガチュアについて、以下のように操作的定義を行う。

　まず、ダーレンドルフによる定義に基づき、オプションを「社会的に構築され、未来に開かれる選択肢」とし、より具体的な操作概念としては、「①経済状況、衣食住の状況、安心・安全な環境など、基本的な生活の条件を規定するもの、②将来にわたる教育機会や就労機会、文化や遊びの機会など、より社会的な選択肢とその機会を規定するもの」とする。

　次に、リガチュアについては、「社会的に構築されたつながりの状況」とするダーレンドルフの定義を用いる。本書の対象に応じた具体的な操作概念としては、「①家族や社会的ケアなど、自身と社会の間にある関係を規定するもの、②友人関係、教育機関や職場、地域での社会的なつながりなど、自身と社会との関係性を規定するもの」とする。

注

1　社会的養護を措置解除となった子どもや若者を指す言葉として、英国では一般的に「care leaver」が使われる。一方、北米では、この用語の使用は一般的でなく、カナダでは「former youth in care」、米国では「（foster care）alumni」等という言葉が使用されることが多い。

2　「①児童期の養育者との愛着関係を確実に保障する、②心理的・身体的・性的虐待とネグレクトからの保護を確実にする、③教育機会、ヘルスケア、社会的ケアによってニードをもつ子どものライフチャンスを最高度に保障する、④教育機会、ヘルスケア、

社会的ケアによって社会的養護のもとにいる子どものライフチャンスを最高度に保障する、⑤ケアを離れた若者の大人期移行を孤立せず、社会的・経済的に市民として参加することを保障する、⑥特別なニードをもつ子どもにニーズに応じた家族との暮らしや地域内での暮らしを保障する、⑦ニード類型・水準を区別し、時機を得たサービス対応を生み出すケース送致やアセスメント過程を実施する、⑧最大効率で計画・提供され、ニードや環境に対応する選択肢や個別対応策が可能な資源活用を推進する」（Department of Health 1998b: 12-17, 筆者訳）

3　ダーレンドルフに先駆けて、ウェーバー（Max Weber）もいくつかの箇所で「ライフチャンス」という用語を使用している。ウェーバーは、『社会学の根本概念』（1922）における「闘争の概念」の定義の中で、「ライフチャンス」概念を使用している。しかし、この文脈でウェーバーが使っている「ライフチャンス」は、生存競争の中で生き残るという残存チャンスという意味合いで用いられており、ダーレンドルフの提唱するライフチャンス概念とは異なっている。もっとも、ダーレンドルフは、ライフチャンスの概念を理論化するに際して、ウェーバーの「チャンス」という言葉の用法を丹念に検討し、「社会構造によって付与される機会」という意味で用いられていることを見出す。ミル（John S. Mill）の自由主義を継承するダーレンドルフは、「個人の人格の最高度の調和的発展」のための社会構造上の条件の拡充を重視しており、これをウェーバーのチャンス概念とつなげて、「社会構造によって付与される個人の発展のための可能性」を「ライフ・チャンス」と名づけたのである（加藤ら 2006: 232）。こうした背景から、ダーレンドルフのライフチャンス概念は、ウェーバーのチャンス概念の精査が基盤となって誕生した概念であると理解することができる。

4　ダーレンドルフの研究史について著した檜山（2011）は、ダーレンドルフの研究業績から彼の研究史を前期と後期に分類し、この前期の中軸概念を「自由」概念、後期の中軸概念をライフチャンス概念とする。

5　ライフチャンスの発展については、「拡大」「高度化」「創発（emergence）」の3つの範疇が区分されている。拡大は、すでに誰かが享受しているライフチャンスを他の人々にまで広げることである。高度化は、すでに存在するライフチャンスを改良し、より高度なものにすることをいう。創発は、質的にまったく新しいものの出現をいう（加藤ら 2006: 232）。

6　ライフ・チャンス概念の具体的な測定について、ダーレンドルフは「厳密な操作化に成功するまでには、疑いもなく、なおほど遠い状態にあるということを述べておかなければならない」（Dahrendorf＝1982: 116）と自重している。

第 2 章

社会的養護措置解除後の生活状況に関するこれまでの研究

「児童養護施設の働きが成功したかどうか判定する最も重要な目安は、退所後に子らがどうなるかということであろう」と述べたのは、グッドマン（Goodman = 2006: 243）である。社会的養護を措置解除となった後の生活状況について正しく把握することは、これまでのケアを評価する指標を得ることでもあり、今後の制度設計の方向性をも指し示す可能性をもつ重要な取り組みである。

　本章では、これまでに行われた退所後の生活状況についての調査・研究を整理する。

（1）海外における措置解除後の生活状況に関する量的把握

1）英国における調査

　前述したように、英国では、退所者の生活状況に関する量的調査が実施され、その実態が明らかになったことで政策の改革へつながった歴史がある。

①メンタルヘルスに関する調査

　以降、多くの調査が実施されているが、大きな領域としては、ケアを受けた若者のメンタルヘルスに関する調査があげられる。サンダースとブロード（Saunders and Broad 1997）では、ケアリーヴァーの16.6％が精神疾患をもち、35％が15歳までに自傷行為を経験し、60％が自殺願望をもち、31％が精神衛生のサービスが必要と自覚している（そのうち77％はサービスを使えていない）ことが明らかにされている。

　また、National Child Development Study（NCDS）のデータを用い、16歳時点の生活満足度と精神的な問題と33歳時点でのうつの状況について分析が行われ、この結果、ケアを受けた子どもの生活満足度が低く、精神的な問題とうつ病のリスクが著しく高いことが明らかとなった（Buchanan 1999）。

②制度改正による変化の検証

　また、自身もケアリーヴァーであるカー（Kerr 2013）は、制度改正（Care Leavers Act 2000）の影響を検討することを主な目的に、200 人のケアリーヴァーに対するアンケート調査と 30 人のケアリーヴァーに対するインタビュー調査を行っている。その結果、Care Leavers Act 2000 施行の前後において、教育、愛着、所属の感覚（self belonging）の領域では、改善がみられることを明らかにした。一方、性的搾取、犯罪行為（開始した年齢）、ソーシャルワーカーの数、自立移行する年齢、改善のない措置（placements not improved）の数、精神面・感情面の問題といった重要な領域については、改善がないか後退していると考察している。

　このように、ケアリーヴァーの現状把握の進む英国では、最近の議論として、提供する「事業量（outputs）」から「成果（outcomes）」にシフトし、「何のためのケアか（What is care for?）」ということが重視されていると指摘する。

2）米国における調査

　米国では、1990 年代から、子ども虐待と社会的養護（主に里親家庭での養育）に関する状況を把握する統計と研究のシステムがめざましく発達した。これは、「『里子たち、児童保護のプログラムを受けるすべての子どもたちの生活を向上させるためには、まず彼らの現状をとらえる正確な数値と情報が必要』という、専門家や政治家たちの意見が原動力になったからだ」とされる（粟津 2006: 57）[1]。

　また、措置の上限年齢になりケアを離れることをエイジ・アウト（Age out）という（原田 2008: 168）が、把握されたデータからは、フォスターケア（社会的養護）をエイジ・アウトした子どもたちのその後の人生は、困難が多いことが報告されている。

①ケーシー・ファミリー・プログラム（Casey Family Program）による調査

　米国での大規模な調査としては、第一にケーシー・ファミリー・プログラムが行った調査「Casey National Alumni Study」があげられる。ケーシー・ファミリー・プログラムは、1966年に設立され、米国全土で子ども虐待の予防とコミュニティの活性化を目的とする社会的養護のサービス提供団体である。この団体が自身の提供したフォスターケアの効果を測定すべく、1966年から1998年の間に13州23自治体でケーシー・ファミリー・プログラムのケアをうけた1,087人に対し、人生の経験、教育の達成、現在の職務等についてのインタビュー調査を行っている。

　この結果について、教育達成の状況、雇用の状況、安定的な成人期に寄与する要因という3点から、概観する。

　まず教育達成の状況のうち高校進学については、一般人口と同様の達成率であったとされる。一方で、大学の修了率（B.A.：学士以上の取得）は、女性で一般の50.8％、男性で34.0％にとどまっていた（表2-1）。

表2-1　性別ごとの措置解除者の教育達成割合

結果	CASEY NATIONAL STUDY：　　女性 (n=469)	CASEY NATIONAL STUDY：　　男性 (n=411)	一般： 女性 [a]	一般： 男性 [a]
高校卒業 （25歳以上）	87.2%	88.6%	84.0%	84.2%
高校卒業認定	73.1%	65.7%		
GED*	14.1%	22.9%		
大学等入学以上 （25歳以上）	47.3%	39.5% (n=415)		
学士号取得以上 （25歳以上）	12.0% (n=468)	9.4% (n=415)	23.6%	27.8%
現在在学中 * （25歳以上）	18.4% (n=592)	13.4% (n=494)		

*　Casey の男女間に有意差　$p < .05.$

a　U.S. Census Bureau. (2000a). (March 2001 Current Population Survey: Table 1a.) Washington, D.C.: Author. http://www.census.gov/population/secdemo/education/p20-536/tab01a.pdf

出典：Pecore, Peter J., et al.（2003: 32），筆者訳

表 2-2　高校卒業達成の予測モデル・サマリー（すべての変数は有意）

変数	フォスターケアにいる間の高校卒業達成オッズ比
初めて措置される年齢（年）	1 年遅い措置：1.2 倍高校卒業を達成できる見込み 5 年遅い措置：1.4 倍
ファミリー・フォスターケアにいる合計時間（年）	もう 1 年ケアにいる：1.1 倍 もう 5 年ケアにいる：1.6 倍
グループケアにいる合計時間（年）	もう 1 年ケアにいる：1.3 倍 もう 5 年ケアにいる：3.4 倍
初めての措置から Casey に入るまでの期間（年）	1 年後：1.1 倍　5 年後：1.5 倍
Casey での措置変更（年ごとの措置）	年に 1 回少ない措置変更：1.8 倍 年に 2 回少ない措置変更：3.1 倍 年に 1 回多い措置変更：0.57 倍 年に 2 回多い措置変更：0.33 倍
チューター（広範囲　対　なし）	もし必要なければ 1.9 倍 もし必要なら：0.53 倍
自立生活訓練（一度　対　なし）	このレベルの訓練を受ければ、1.9 倍より高校卒業まで達成できる見込み
自立生活訓練（中断　対　なし）	1.8 倍
自立生活訓練（広範囲　対　なし）	2.8 倍
雇用経験（中断　対　なし）	2.1 倍
雇用経験（広範囲　対　なし）	4.3 倍
最後の里親家庭との肯定的な関係性	2.2 倍
重大犯罪行為スコア [a]	重症度×発生率において、犯罪スコアが 1 下がれば、1.02 倍高校達成が高まる 重症度×発生率において、犯罪スコアが 6 下がれば、1.2 倍高校達成が高まる 重症度×発生率において、犯罪スコアが 1 高くなれば、0.98 倍 重症度×発生率において、犯罪スコアが 6 高くなれば、0.86 倍
学習に関する診断（学習障害、注意欠陥多動性障害、知的障害（MR））	あり：60 倍低い見込み なし：1.7 倍高い見込み

a　この複合スケールは、犯罪を 1 から 6 の重大さに割り当てられている。この重大さには犯罪が行われた回数が乗じられる。このスケールを用いたアプローチは、FBI 統一犯罪統計報告書に基づいており、すべての記録された犯罪を合計している。

出典：Pecore, Peter J., et al.（2003: 44），筆者訳

追加の分析では、高校の達成に関連のあったこととして、以下のものがあげられている。

- ・初期的な予防や家族支援によって子ども福祉制度への最初の措置を引き延ばすこと
- ・措置の中断を減らすこと
- ・安定した基準としてグループケアを提供すること
- ・ケアをうけているときに雇用の経験を得ることを支援すること
- ・自立生活訓練（independent living training）を提供すること
- ・子どもと里親との肯定的な関係性を促進すること
- ・犯罪行動を最小化すること

　表2-2は、それぞれの有無等による高校卒業達成の影響がオッズ比によって示されたものである。

　雇用状況では、25歳から34歳の雇用の状況についても比較し、一般平均よりやや下回っているとしている。

　また、約12％が生活保護を受給しており（表2-3）、一夜かそれ以上のホームレスの経験が42.2％にのぼることが報告されている。

　次に、安定的な成人期に寄与する要因について、調査協力者の生活状況は概ね良好な状況であったとしつつ、子どもやサービスの特徴によって状況は左右されていたとし、インタビュー調査の分析結果から、安定的な成人期が予測された変数として、以下の点を示している。

- ・生活スキルの準備をすること
- ・ケアを離れる前の高校卒業か高卒認定（GED）の取得を達成すること
- ・大学の奨学金か職業訓練があること
- ・男性であること
- ・フォスターケアにいる間の若者のためのクラブ活動や組織に参加していること
- ・最後にかかわった里母（foster mother）の養育があまり良くないこと

表2-3　措置解除者の雇用率と収入

結果	CASEY NATIONAL ALUMNI STUDY （n=1,087）	一般
労働力のうちの雇用率 （25〜34歳）[a]	88.1% （n=521）	約96.3% [b] 非雇用率：3.7% [b] 16歳以上総人口：16.5% [c]
世帯収入中央値 （すべての家族成員）	$27,500 （n=1,008）	2000年USAの中央値：$42,148 [d]
個人収入中央値	$16,500 （n=1,024）	2000年USA「一人当たり」収入の 中央値：$22,199 [d]
個人収入中央値 年代別	年齢　15-24：$10,500 （n=191） 年齢　25-34：$17,500 （n=561） 年齢　35-44：$22,500 （n=253）	2000年USAの中央値：[e] 年齢　25-34：$25,558 年齢　35-44：$30,149
インタビュー時に何かしらの 公的扶助[f]を得ている措置解 除者の割合	12.2%	3.4% [g]

a 　通学している措置解除者、主婦、重篤な障害によって働いていない者を除く。

b 　非雇用者率は、季節変動調整済み。労働省の「人口動態調査」ウェブサイトから。http://data.bls.gov/servlet/SurveyOu tputServlet?jrunsessionid=1064745221803214659

c 　16歳以上の人口割合は、2000年の非収容者人口。アメリカ合衆国国勢調査局（2003c）より（表No.567）。http:// www.census.gov/prod/2001pubs/01statab/labor.pdf

d 　2000年の一般人口の収入数値は、アメリカ合衆国国勢調査局（2001b）より（2001年3月人口動態調査：表A）。http://www.census.gov/prod/2001pubs/p60-213.pdf

e 　アメリカ合衆国国勢調査局（2001a）より（2001年3月人口動態調査：表8）。http://www.sensus.gov/population/ socdemo/education/ppl-157/tab08.pdf

f 　「公的扶助」は、貧困家庭一次扶助（TANF）、フード・スタンプ、補足的社会保障（Supplemental Social Security (SSI))、メディケイドを含んで算出。

g 　1999年アメリカ合衆国国勢調査局（2000b）の公的扶助を受けている世帯の割合（2001年3月人口動態調査：表DP-3)。http://factfinder.census.gov/b t /_lang=en_vt_name=DEC_2000_SF3_U_DP3_geo_id=01000US.html

出典：Pecore, Peter J., et al.（2003: 35），筆者訳

　・リービングケアの間の1年間にホームレスでないこと

　・チューターがあまり必要でないこと

　・アルコールや薬物の治療があまり必要でないこと

　このように、Casey National Alumni Study では、自身の団体がケアを提供した子どもたちの状況を調査し、その結果をインケアに還元することを試みている。

表2-4　北西部の措置解除者の教育機会の結果

結果	％（標準誤差）
高校	
高校達成—高校卒業または高卒認定	84.8（1.9）
高校達成—高校卒業	56.3（2.7）
中等後教育	
なんらかの対応の中等後教育への参加	42.7（2.7）
高校より上のなんらかの学位・資格の達成（職業訓練、学士など）	20.6（1.8）
職業訓練・技術学校の学位の修了	16.1（1.7）
現在、職業訓練・技術学校に在籍中	3.8（0.6）
現在、大学に在籍中	11.9（2.1）
学士かそれ以上の学位を修了	1.8（0.4）
サンプルサイズ：479	

出典：Pecore, Peter J., et al.（2005: 36），筆者訳

　同じくケーシー・ファミリー・プログラムによって、米国西北部における措置解除者の調査が行われた。1988～1998年にオレンゴン州・ワシントン州のエージェンシーによって社会的養護のケアをうけた若者659人のうち479人へのインタビュー調査「Northwest Foster Care Alumni Study」である（Pecore, Peter J., et al. 2005）。

　その結果、メンタルヘルスの状況については、フォスターケア（社会的養護）をうけた若者の54%が、過去1年間に精神科の病名診断をうけていたことがわかった。これは、一般の若者たちの割合（25.2%）の2倍以上である。さらに、彼らのPTSD（心的外傷後ストレス障害）の割合に至っては、服役軍人の2倍にあたる25%という結果が示された。

　また、表2-4にみるように、教育機会におけるデータからは、高校卒業（high school diploma）の代わりに、高卒認定資格（GED credential）をとる率が一般人口の6倍ほど高くなっていた。さらには、中等教育以降の教育達成率は低く、専門学校学位（vocational degree）は16.1%、学士は1.8%であった。

表2-5　北西部の措置解除者の雇用と経済状況の結果

結果	％（標準誤差）
ホームレス	
リービングケアの1年以内に1日かそれ以上のホームレス	22.2（2.1）
雇用と公的扶助	
現在、雇用されているか学校に通っている	74.0（2.4）
労働に適している者の雇用 a	80.1（1.8）
18歳以降で公的扶助にある	51.7（2.8）
現在、現金給付（AFDC/TANF）b の公的扶助を受給	16.8（2.2）
措置解除者の世帯が過去6か月以内に公的扶助を受給	47.8（2.8）
経済状況	
世帯収入が貧困レベルかそれ以下	33.2（2.6）
世帯収入が貧困レベルの3倍以上	21.3（2.2）
健康保険に未加入	33.0（2.6）
家かアパートを所有	9.3（1.6）
サンプルサイズ：479	

a　労働に適している者は、フルタイムの学生、主婦、重度の障害者を含まない。
b　AFDC: Aid to Families with Dependent Children, TANF: Temporary Assistance for Needy Families
出典：Pecore, Peter J., et al.（2005: 38）、筆者訳

　加えて、措置解除者の経済状況は脆弱なものであった。表2-5にみるように33.2％は、世帯収入が貧困レベルかそれ以下であり、3分の1（33.0％）は、健康保険に加入していなかった。さらに、22.2％に、リービングケアの1年間において一夜かそれ以上のホームレス経験があった。

　この調査からは、総じて、多くの措置解除者が教育と雇用において重篤な局面に挑んでいるのだと提言されている。

②シカゴ大学等による中西部3州調査

　シカゴ大学等では、米国中西部の3州（アイオワ州、ウィスコンシン州、イリノイ州）において、社会的養護のケア（里親家庭によるケア）をうけた若者について、長期にわたる実態調査「The Midwest Evaluation of the Adult Functioning of Former Foster Youth（Midwest Study）」を実施している。

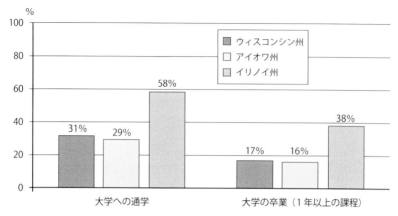

図2-1　中西部3州における21歳時点での高等教育の達成

出典：Peters, Clarl M., et al.（2009: 15），筆者訳

　これは、17歳もしくは18歳だったケアをうけた若者732人からデータを収集し、その後、繰り返しインタビュー調査を行ったものである（19歳の時点で603人、21歳時点で591人、23歳ないし24歳時点で602人、26歳時点で596人）。

　これらのデータと一般人口を対象としたNational Longitudinal Study of Adolescent Healthの結果とを比較し、社会的養護を経験した若者の生活状況を分析している。その結果、フォスターケアを離れた若者たちは、さまざまな分野で同年代の若者たちより不利な状況であることが明らかとなった（Courtney, Mark E., et al. 2011）。

　このMidwest Studyの特徴として、対象3州のうち、一般的な18歳までの措置を行っている2州の結果と21歳まで措置延長をしているイリノイ州の結果とを比較することで、措置延長の効果を検証していることがあげられる。たとえば、2009年には、措置延長にかかるケアのコストと効果の分析が行われている。措置延長の効果として、ここでは、ケアを受けている間の公的扶助の削減と、措置延長による大学進学率・達成率の向上（図2-1）があげられており、これらを算出すると以下のようになる。

措置延長による子ども一人当たりの公的コスト（平均 2 年間の延長）：

　　（措置延長のケア経費）$41,600 −（払わなくてすむ公的扶助費）$3,652 ＝ $37,948

ケア延長による子どもの利益：

　　大学進学・大学卒業による生涯獲得賃金の追加分：$72,000

　この措置延長による公的コストと子どもの利益との比較に関する試算では、18 歳以降のケアに $1 かけると、約 $2 の効果を生むことが示されている（Peters, Clarl M., et al. 2009）。こうした結果から、18 歳以降の措置延長に公的コストを投入することが、社会的養護を必要とする若者の教育機会の拡大・賃金の向上につながり、さらには公的扶助の負担減および税収上の効果として政府にもメリットがあることが示されている。

　米国で行われたこれらの調査結果からは、措置中に何を保障することがその後の彼らの人生にどのような効果をもつか、エビデンスを用いて検証されていることがわかる。調査からの知見もさることながら、日本の状況と比較して驚くべきことは、継続的かつ大規模な調査が行われ、そのうえで回答率が非常に高いことである。ここから、措置権者やケア提供者が措置解除となった若者とのつながりを維持していること、調査の重要性に対する認識が調査者・調査協力者ともに非常に高いことがうかがえる。

（2）日本における措置解除後の生活状況に関する量的把握

　一方、日本においては、英米のような社会的養護をうけた若者の全数調査や追跡調査をほとんど実施しておらず、量的な実態把握が課題であった。

　社会的養護関連制度を管轄する厚生労働省においても、「児童養護施設入所児童等調査」が 5 年ごとに実施されている（厚生労働省雇用均等・児童家庭局 2015）ものの、これは社会的養護のもとにいる児童に関する基礎資料を得るための調査であり、退所後の生活状況については調査されていない。

わずかに実施されてきた量的な把握に、全国児童養護施設協議会によるものと民間の支援組織によるものがある。これらの結果をふりかえり、退所後の暮らしの量的把握の到達点を確認する。なお、2010年以降に実施された自治体による実態把握調査については、二次分析の対象とするため、次章（第3章）で後述する。

1）青少年福祉センターによる調査

戦後まもなくから生活に困窮する若者の支援を行ってきた青少年福祉センターでは、1970年代から児童養護施設退所児童を対象とした調査研究を発表している。

第一には、施設を巣立った若者がどのような生活を送り、どのような意識をもっているのかを把握することを課題とした調査が実施された。具体的には、全国501か所の養護施設（当時）のうち、1968（昭和43）年度〜1971（昭和46）年度の退所者名簿を収集できた423か所の施設を対象とし、これらの施設を退所した7,862名から3分の1の2,614名を抽出、このうち退所施設の協力を得られた347施設において施設長による個別面接法を用いて退所者に対する調査を行った。最終的に有効回答が得られたのは、1,115名の退所者についてであった。このデータから、低い高校進学率（8.9％）と進学の施設間格差、有業者（83％）のうち55.8％が「工員」であることなど、重要な指摘がなされた（青少年福祉センター編1975）。

この後に実施された「養護施設退所児童の社会的適応に関する調査」では、1975（昭和50）年度〜1977（昭和52）年度に東京都内7養護施設を措置変更以外で退所した満13歳以上の退所者計218名に対して、調査票による本人への聞き取り調査を行っている（青少年福祉センター編1989）。この調査では、児童の生活を把握する基礎的な概念を「適応」に求め、退所者の生活を職業、余暇、学校、友人等、家族、結婚の場面に分類し、場面ごとの設問の得点（5段階評価）が高いものほど「適応」が高いとした。そして、「在園

時に施設職員との関係が良いもの」「退所後の彼等をとりまく環境が本人に
とって支持的なもの」等、いくつかの「適応」しやすい条件を提示してい
る[2]。

2）全国児童養護施設協議会による調査

　全国児童養護施設協議会は、1980（昭和55）年度から2006（平成18）年
度まで隔年に「児童養護施設入所児童の進路に関する調査」を実施してい
た[3]。この調査は、主に中学卒業後の進路に焦点を当て、全国の児童養護施
設に調査票を送付し、調査を行うものであった。

　入手できた最後の調査報告書（全国児童養護施設協議会調査研究部2006）で
は、退所後の生活状況に関連する内容として、以下のような数値が報告され
ている。2005（平成17）年度中に高校を中途退学した率は11.7%であり、そ
の理由では「学校生活・学業不振」が45.4%と最多であり、続いて「問題行
動等」が20.0%、進路変更が10.4%であった。全国の高校中途退学の理由で
は、「進路変更」が最多であったのと比較すると特有の課題が透けてみえる
ようである。高校卒業後進学した児童については、2005年度中に大学等を
中途退学したものが12.1%であり、その理由は、「学校生活・学業不適応」
が38.1%、「進路変更」が14.3%となっている。

　また、職業の状況として、中卒就職者の転職率は51.5%と報告され、中卒
就労の過酷さが示されている。高卒後の就職状況では、一時的な仕事を合わ
せると7割の児童が高等学校卒業後何らかの職に就いているとし、全国の高
等学校卒業生のうち2割弱しか就職していない（2005年度の学校基本調査）こ
とと比較すると、児童養護施設から高校卒業した若者の就職率は4倍に及ん
でいると指摘している。

　このように「児童養護施設入所児童の進路に関する調査」は、上記の数値
を把握してきたという点では、非常に重要な取り組みであったといえる。し
かし、高校進学を中心とした進路保障の視点からの限定された調査項目であ

ること、単純集計にとどまっていること、現在まで継続されていない（公開されていない）ことなどの課題が指摘される。

3）北海道養護施設協議会による調査

　北海道養護施設協議会（1989）では、道内の養護施設（当時）を1982（昭和57）年度～1986（昭和61）年度に退所したすべての児童を対象に「養護施設退所実態調査」を実施している。これは、郵送による施設調査と、退所児童への出身施設職員による直接個別面接調査によって実施された。1982（昭和57）年度～1986（昭和61）年度に退所したすべての児童767名が「施設調査」の対象となり、このうち1988（昭和63）年現在に北海道内に居住し、施設が現状を把握している退所児童257名が「個別面接調査」の対象となった（北海道養護施設協議会 1989: 5）。また一般家庭の状況と比較するために、学校基本調査結果の控えを回収し、検証している。

　この結果、北海道の平均高校進学率が95.3％であるのに対して、養護施設においては、49.7％と低くとどまっていること、進学者の24.2％を占める定時制高校への進学者のほとんどが、道外の紡績工場へ就職していることが指摘されている。また、高校中退した児童のうち、1年以内の中退が57.1％にのぼっており、この背景には学力不振の問題や進路指導に対する課題が指摘されている。

　また、退所後の「戸惑い」については生活知識、経験の不足に基づくものが40％を超えており、インケアのあり方との関係を再考する必要性が述べられている。さらに、養護問題の根深さ、卒園後の生活問題と対応、アフターケアに対する卒園者の意識についても分析され、後述する松本（1987）の研究に引き継がれている。

　これらの知見の総括は、①施設職員による「アフターケア」の強化、②卒園生の生活を支える専門的機関の設置が検討されるべきであること、③卒園後の生活を見越した在園中の処遇、進路指導のあり方についての検討が一層

進められなければならないこと、を提言としている。これらの提言は、30年近く経過した現在においても、継続して訴えられていることと同様であり、今日までの制度改善が道半ばの状況であることを省みる必要がある。

4）東京都社会福祉協議会児童部会調査研究部による調査

2000 年に入り、東京都社会福祉協議会児童部会調査研究部（2004）によって調査が行われている。この調査では、2001（平成 13）年度中に東京都内の児童養護施設を退所した子ども 649 名のうち就労自立をした 145 名について、退所直後の段階で経済的に不安定な者の割合が高く、特に中卒や高校中退で働いている者についてはより厳しい状況にあることを明らかにした。

（3）措置解除後の生活状況に関する質的把握

次に、これまでに実施されてきた退所後の生活状況に関する質的な把握について、主要なものの成果と課題を整理したい。

1）松本による「袋小路的生活構造」[4]

1980 年代に、社会構造の視点から児童養護施設を巣立った若者たちの生活実態に迫ったのが松本伊智朗である。松本（1987）は、「貧困層の子弟を代表する養護施設卒園者の『生活』の中に、いかに貧困への『固定化』の契機が存在するか明らかにすること」（松本 1987: 43）を課題とし、札幌市の養護施設（当時）を 1975（昭和 50）年〜 1985（昭和 60）年に退所した子ども 427名のケース記録、札幌近郊の 2 つの養護施設を卒園した 23 名の面接調査の結果から、施設退所後の生活の基本的な特徴を描き出そうと試みている。

その結果、「『養護問題』は不安定な就労状態にあり、社会的に孤立してい

る現代の貧困層の子弟の養育上の諸困難を代表する問題である」（松本 1987: 117）こと、また施設児童の多くは不安定な就労形態、低位な労働条件のもとで、卒園後の生活を支える社会サービスを欠いたまま、いわば「強制的に自立」させられる存在であることを明らかにした。そして、「養護施設卒園者の生活の基本的特徴は、こうした低位な労働生活と稀薄な『社会的ネットワーク』の相互規定性により形成される『袋小路』的性格にある」（松本 1987: 118）と考察する。

　さらに、松本（1990）では、「卒園者」の階層性についても以下のように言及する。

　　　自己の生活問題に対する認識は、実際の生活の不安定性が高いと思われるものほど低いという形で階層性があると考えられる。すなわち相対的に低位な生活を強いられると考えられる中卒のものでは、高卒のものに比較して自己の生活困難に対する自己認識は低く、卒園後の生活困難の経験も自らの生活に対する不安として意識化されるものは少ない。一方相対的に安定していると考えられる高卒のものは比較的生活困難に対する自己認識も高く、卒園後の生活困難の経験を意識化しているものが多い。しかし後者にしても「アフターケア」に対してはむしろ否定的なものが多く、自らの社会関係を豊富化する形で困難を乗り切るという方向にはかならずしも無いと考えうる（松本 1990: 103-104）

　これは、「相対的に生活上の困難さが大きいと思われるものほど生活問題に対する対応も『孤立的』で限界をはらみ、階層性が見られる」（松本 1990: 103）という指摘である。

　こうした松本による研究によって明らかにされた生活構造は、制度の変更や支援策が検討されてきた現在でも通底する課題を孕んでおり、30年近く経過した現在でも新鮮で示唆深い指摘であり続けている。

　一方、松本自身が残された課題を整理している。その一つとして、「自

立」の基礎になる「社会的ネットワーク」の解明をあげ、次にこの「社会的ネットワーク」を自ら構成し「貧困」に対抗する「主体的力量」や「主体性」の検討をあげている。その背景には、調査の事例において、劣悪な労働条件の職場からの離職という「主体的選択」が、結果として「袋小路」の中に導いてしまう例や、自ら親との関係を断つなど「主体的」に「孤立」することでかろうじて自己の生活を維持し得ている例、自ら「貧困」を乗り越えようとするさまざまな試みが、その「貧困」ゆえに失敗する中で自己の将来に対する「主体的」な展望を持ち得ていない例が多く存在することを発見したことがある。松本は、このように、「今日『貧困』とは，諸個人を『孤立化』させ、生活における『主体性』、『自律性』を奪っていく中で、自らの将来の展望をも持ちにくくさせるものとして現われる様に思われる」(松本 1987: 119) と総括している。

2) 長谷川による「安定度」

　長谷川 (2000) で報告されたのは、1971 年の中学卒業時に同一の施設を退所した 34 名について、退所 20 年後の 1991 年に開催された施設の同窓会を契機に行われた聞き取り調査の結果である。その中で、「現時点の安定度を見てみるために、34 名の入所ケースを①乳児期に乳児院入所後養護施設へ措置変更したケース、②小学校低学年の時に養護施設へ入所したケース、③中学生の時に養護施設へ入所したケースを分けて比較してみると、乳児期に入所したケースが安定度は一番高かった。次いで中学生の時に入所したケースである。一番不安定度が高かったのは、乳幼児期家庭で生活をしたにもかかわらず、不安定な親子関係、生活により小学生にあがる頃に施設入所となった小学生低学年で入所したケースであった[5]」(長谷川 2000: 43) と報告している。

3) 全国社会福祉協議会による聞き取り調査

　2000年代後半に入り、児童養護施設で育った若者たちの生活に焦点を当てた質的研究が多くみられるようになった。全国社会福祉協議会（2009）は、調査時期に退所施設と何らかのつながりのある人、施設を退所した人の自助グループにかかわっている人、自立援助ホームに入所している人で、退所後概ね10年の者を対象に聞き取り調査を行っている。

　この聞き取り調査の結果をうけ、インケアでの子どもの自立にむけた養育には、①養育者と子どもがなにげない時間を共有すること、②子どもに絶対的依存ができる存在があること、③養育者が「絶対的な権力者から絶対的依存の対象になること」、④子どもの自己統制、⑤アイデンティティ形成と生い立ちを知ること、が大切であると考察されている（全国社会福祉協議会2009: 159）。

　また、退所者が感じる困難には、①就職や住宅の賃貸契約の際の保証人の確保、②ワーキングプアや派遣労働など貧困のビジネスの犠牲になりやすいこと、③異質性への意識や対人関係の課題から生じる孤立感の3つがあると述べている。こうした課題を有する退所者の「ささえ方」について、「深く関与してほしくないが、かたわらに居続けてほしい」という「立ち入らず、立ち去らず」の関係性が求められているのではないかと推察し、微妙なスタンスを維持する困難さを指摘する。そのうえで、「断られても、あきらめず」という姿勢も求められると考察している（全国社会福祉協議会2009: 161）。

　一方、この調査は、報告書内でも「インタビュー内容は語りの文脈から切り離され、語り手の基本的な情報もじゅうぶんにないまま断片的に記載されている」（全国社会福祉協議会2009: 113）と限界性が指摘されている通り、質的調査・分析法に基づいたものではなく、ニーズの聞き取りのような形で実施されたものであり、調査の実施方法や実施人数など、具体的な手続きに関する記載はない。

4）西田・妻木・長瀬・内田による「家族依存社会の臨界」

　西田ら（2011）は、社会的に不利な状況に置かれた対象として児童養護施設で育った若者たちを捉えた。そして、施設で育った 12 名の若者たちに対して「生活史インタビュー」を行い、生育家族、施設経験、学校経験と施設を離れてからの生活について質問し、それらに先行調査研究の知見を加える方法で考察している。

　そのうち大学等進学を果たした 3 名の語りからは、大学等進学などの高学歴を達成した退所者は「たまたま」「偶然」の機会と出会いによって進学を企図し、人並み以上の頑張りを強いられていたこと、大学進学から卒業までの経済的な困難は、人的ネットワークによって「幸運」に得られていたことを明らかにした。翻って、教育費用の負担が家族に課せられるという日本社会の有り様の弊害を施設経験者が一身に引きうけざるを得ない現実が、大学進学率の低さの背景の一端を示していると考察している（長瀬 2011: 113）。

　さらに、妻木（2011: 155）は、「日本社会のさまざまな制度・仕組みが『家族依存型的性格』を強くもつなかで、本人にとって選択の余地のない、所与のものとしてある生育家族のありようが、彼／彼女らのこれまでとこれからを大きく規定してしまっている」と指摘し、「児童養護施設は、『家族依存的性格』を強くもつ日本社会にあって、家族という資源を持たず、ときには家族が桎梏とさえなる子どもたちを養護し、自立のための援助を行う――つまり、社会的不平等の世代間再生産を断ち切るという社会的機能を担うことを期待されている」が、「児童養護施設は、その機能をいまだ十分には果たし得ていない」とする。

　こうして、西田（2011）は、「生まれ育つ家庭がさまざまな資源に恵まれているか否かが子どもの人生を大きく左右し、頼るべき親がいない、いたとしても不安定な生活を強いられている場合には、子どもの現在の生活と将来が非常に厳しいものになってしまう」（西田 2011: 198）と考察し、親を頼れる人とそうでない人を隔てる一線を「家族依存社会の臨界」と呼んだ。

そして、結果として臨界の外側に「はじき出された子どもたちを支える
セーフティネットとして存在する児童養護施設は十分機能しているのだろう
か」という問いに対して、「『否』と言わざるを得ない。衣食住は提供され、
職員からの働きかけがなされてはいるものの、生活についても、多くの困難
に直面し、不安定な生活に至ることが少なくないというのが実態である」
（西田 2011: 199）と総括し、こうした現実を生み出したものについて、一点に
社会的関心の低さ、もう一点にそれを甘受した施設長と職員、福祉行政、そ
して研究者という四者のあり方の責任であると結論づけた。

5）谷口による「排除と脱出」

　谷口（2006; 2011）は、児童養護施設での実証調査を通して、「子ども時代
に社会福祉の介入があったにもかかわらず退所後に再び排除状態におかれる
子どもや当事者がいるのはなぜか」（谷口 2011: 14）という問いに対して、生
活の過程を動態的に捉え包括的に分析した。
　谷口の実証調査は、2005 年から 2008 年の 2 年 10 か月間、ある 1 か所の
児童養護施設で行われたもので、参与観察およびエスノグラフィック・イン
タビューの対象となったのは、施設で生活している子ども 71 人、退所した
当事者 9 人、勤務する職員 38 人であった。この長期間かつ多岐にわたる調
査で得たデータに対し、排除の対概念として用いた「脱出」という概念を軸
に、【入所】【施設での生活】【退所】の生活過程の時間軸に沿った局面と、
全体にかかわる【援助組織】という次元から分析した。
　その結果、【入所】の次元は、本来的に脱出にむかう第一段階であること
を確認し、子どもが入所前から抱えている生活背景や発達課題が脱出に直接
的にかかわっていること、同時に、虐待の後遺症や発達課題は、援助組織の
援助によって施設での生活過程で乗り越えていくことができることを示した
（谷口 2011: 235-236）。続く、【施設での生活】の次元は、施設での生活そのも
のが脱出にむかう過程であり、施設という新たな生活拠点で生活を立て直し

ていく段階である。そのうえで「生活のなかでどこに自らの居場所を見出すのか」ということも脱出の課題とされた（谷口 2011: 236）。【退所】の次元では、退所の準備が退所後の生活に直接的に影響していることが示された。そして、とりわけ再排除となりやすいのが急な退所を余儀なくされる「突然の退所」要因であったとする。さらに、生活拠点の移動にかかわる社会関係の切断と再構築が明らかにされた。つまり、児童養護施設への入所がそもそも生活拠点の移動を意味しており、入所前までの社会関係の切断や関係性が希薄になることを伴っており、そのうえで、施設を拠点に再び社会関係を築くものの、退所によって再び社会関係の拠点が切断される。こうして社会関係の起点である「定点」の移動を繰り返すことを余儀なくされ、彼／彼女らの居場所を崩し「拠りどころのなさ」を加速させている可能性が示唆されたとする（谷口 2011: 238）。

　さらに【援助組織】の次元では、援助者との信頼関係が脱出にむかう基礎となるが、方針や思いのズレが脱出につながりにくいことが示されている。また、職員や児童相談所の担当ワーカーとの別れも悲しさと不信を増幅させていた。さらに、施設自体が社会の中で排除された状態にあることも示されている（谷口 2011: 239-240）。

　そして、研究の積み重ねから「児童養護施設に暮らす子どもたちが脱出できない主因は、社会に排除された状態にあった子どもたちを援助していく体制の課題、生活している基盤である施設自体のもつ課題、ひいては社会全体の課題として還元される」と総括する（谷口 2011: 241）。

6）伊部による「生活と家族関係・社会関係」

　伊部（2013）は、児童養護施設から家庭復帰をした人とその家族関係・社会関係に焦点を当て、2007 年から 2010 年にかけて実施された 10 名への生活史インタビューから支援に関する課題を考察している。この分析には、次頁の図 2-2 に示された入所前、入所中、退所後という時間軸に基づく分

〈当事者の生活〉		〈支援の過程〉
生活の過程	生活状況や家族関係・社会関係に関する"語り"の概要	
出生 〜施設入所前	家庭・地域での生活、家族関係、社会関係（フォーマル、インフォーマル）…①	（ニーズ発見） ↓ （入所措置決定）
	入所経緯／きっかけと生活、家族関係、社会関係…②	…アドミッションケア ↓
施設入所中	施設での生活、社会関係…③	
	施設での生活中の家庭・家族関係（外泊、面会等）…④ 家庭復帰の経緯／きっかけと生活、家族関係、社会関係…⑤	…インケア〜 リービングケア ↓ （措置解除）
施設退所・家庭復帰〜現在	施設退所・家庭復帰後の生活、家族関係、社会関係…⑥	…アフターケア

図2-2　伊部（2013）の分析枠組み

出典：伊部（2013：11）

析枠組みを用いている。その結果、家庭復帰後にも多様な生活困難、生活課題、家族関係・社会関係における葛藤や困難、課題が生じていることが明らかになったとする。特に、退所後の支援を見通したインケアにおける支援のあり方が、施設退所後の課題解決の力を育む可能性があると提起し、同時にインケアと並行した親支援の重要さを述べている（伊部2013：11）。

さらに伊部（2015）では、社会的養護経験者31人への生活史の聞き取りを通して、その生活と家族関係・社会関係に着目し、社会的養護における支援課題を権利擁護の観点から検討している。その結果、施設入所前の生活では、多様で複合的な生活困難・課題が、本人の成長・発達に影響を与え、その権利が脅かされている状況が改めて確認されたとする。また、施設入所中に本人が安心・安全だと思える環境、育ちや成長を実感できること、他者からの愛情に確信をもてること、自分で自分のことを決めていくプロセスを支えられること等、「養育」そのものが支援の要であることを指摘する。さらに、退所後の生活困難は、多岐にわたり、ライフステージによっても直面する生活困難の特徴が示され、特に退所後、10代〜20代にかけて見守りや危

機介入、他の社会制度の紹介等の支援が必要とされると同時に、30代以降も見守りや助言等の支援が本人の安心感につながることを考察している。

7）退所者のアイデンティティに関する研究

次に、退所者のアイデンティティ・心理面に注目し、質的調査を行った研究を概観する。

国分（2001）は、心理臨床的観点から児童養護施設で生活する19名（中高生）と、卒園生7名に対して、施設生活での良き体験・影響者、自分の出自・家族への疑問、大人のあり方等の15項目についてインタビュー調査を行っている。その結果、子どもの育ち直りを支える要因として、①家族や職員が、心の拠り所として存在するかといった基本的信頼感の獲得度、②自分の自信となる経験、自尊感情の回復、③時間の共有と連続した生活体験・交流を通した人とのつながりの実感、④自分の出自と家族との葛藤への確認作業が必要であると述べている。

教育社会学の立場からは、田中（2004）が児童養護施設における参与観察と職員や子どもへのインタビュー調査を実施し、スティグマ問題について考察を行っている。田中は「子どもの主観的側面から」分析した結果、「スティグマを負う者としてのパースペクティブと普通の人としてのパースペクティブ」の双方をもつという2つの生活世界「ダブル・ライフの問題」を提起する（田中2004, 155-169）。また、スティグマ問題の特徴として、①他者からなされる自分の評価として親がいないことへの「憐憫」、②社会的養護をうけているということによる「依存」、③いじめによる「排除」の3つをあげている（田中2004, 91-98）。加えて、これらのスティグマの内面化過程とそれらの対処を「モラル・キャリア」の概念を用いて描き出している。つまり、「親がいないこと」を大きな要因とするスティグマは、施設にいる間に最も強いものである一方で、退所し大人になった後は親がいない（親から離れている）ことは誰しも経験するものになる。このことから、施設入所時に

抱えたスティグマの解消方法が、退所後には私的な問題として自己の生活過程にとどめ置かれることとなり、肯定的なアイデンティティ形成が困難となるという指摘である。

　また、両見（2005）は、児童養護施設の卒園者3名に対してインタビュー調査を行い、得られた語りについて、物語という視点で捉え、ナラティブ・アプローチの意義を検討している。そして、語るという行為やこれまでの出来事を意味づける活動が、①自己を連続性、斉一性をもつものとして感じるアイデンティティの感覚、②他者との相互作用による自己についての主観的肯定体験、③新しい物語の生成として体験されると分析している。

　さらに、上述した西田ら（2011）の一部において、内田（2011）は、日本社会における典型的な「社会的排除」の事例として、児童養護施設生活者／経験者のアイデンティティ問題に着目する。そして、当事者の語りをもとに、アイデンティティの状況を概観したうえで、肯定的なアイデンティティ形成のための自己了解の物語を導くプロセス・方法について考察を行っている。同情や偏見・差別の対象ともなり得る施設生活者／経験者にとって、施設生活者／経験者であることをカムアウトするためらいや葛藤を経て、「自身が親元で暮らさない／暮らせないことを、社会的な背景を含めて納得していく、そして自らの立場を了解する物語を構築していくプロセスが、施設生活者／経験者にとって特に重要になる」（内田 2011: 172）と考察する。さらに、このプロセスに対して、「彼／彼女らの物語構築の努力を指摘する前に、前提として社会的養護が『社会的』に必要な営みであり、決して施設生活者／経験者自身にさまざまな問題の責任が帰せられるべきではないということの啓発が必要」（内田 2011: 174）と指摘する。

　井上（2015）は、多様な背景を抱えた人々の育ちをどう支えるのかという観点から、児童養護施設経験者に対する心理臨床的アプローチを探ることを目的とし、語りを聴くという方法を用いて面談を行い2事例の語りの過程の分析を行った。その結果、①施設経験者は、生い立ちに異質感を抱き、周囲の偏見を怖れている、②施設経験者の語りには、両価的、あるいは否認、

回避的な言動がみられた。この明白に言語化されない語りを「語られない語り」と命名し、③「語られない語り」は、社会の常識やシステムに適応できず、存在の根底が揺さぶられるときに、心の深みから発せられる語りであり、それは「私はなぜ生まれたのか」という人間の根源的な問いにかかわる語りである、と考察する。

　この他にも、アイデンティティ構築にむけたより実践的取り組みである「ライフストーリーワーク」についても実践・研究内容の公表が行われている（Ryan＝2010; 楢原 2015 ほか）。

8）他領域の調査からの接近

　社会的養護の退所者を直接的な対象としない調査からも、退所者の生活状況が浮き彫りとなっている。たとえば、「不安定的生活に至った人々 100 人」へ生活史の聞き取り調査から生育家庭の諸相の把握を試みた堤（2008）は、その対象に「児童養護施設に入所経験がある人が 5 人、児童自立支援施設に入所経験があると語った人が 2 人もいたことは重視すべき」（堤 2008: 57）とし、事例を取り上げ検討している。その結果、「家族という資源を活用することができない／難しい児童養護施設経験者が、職業達成や社会生活において極めて厳しい状況にある事を、これらの事例は示唆している」（堤 2008: 58）と指摘する。

　また、婦人保護施設の入所を必要とした人々の社会的養護のもとでの生活経験を聞き取った調査（東京都社会福祉協議会 2008）では、その割合は示されていないものの、社会的養護を経て、婦人保護施設へ入所した数も少なくないとされる。現場からは、「婦人保護施設で児童養護施設経験者との出会いから感じることは、『愛されてこなかった』という寂しさである」（横田 2009: 88）という指摘がなされている。

（4）小括：先行研究による成果と限界

　ここまで、社会的養護を措置解除となった若者の生活状況を把握する先行研究について、海外における量的調査、日本での量的・質的調査について整理してきた。最後に、小括として、先行研究による成果と限界について整理したい。

1）量的調査の不十分さ

　第一に、社会的養護措置解除後の若者の生活実態について、日本における量的調査が不足していることが大きな課題としてあげられる。

　後述するように、2010年以降、いくつかの自治体において、退所後の生活実態を把握する調査が実施されたが、依然として多くの課題が残されている。さらに、全国規模のデータは、2006年以降まったく把握されておらず、手つかずの状態であるといえる。

2）質的把握の成果と到達点

　社会的養護措置解除後に関する質的な把握については、松本（1987; 1990）による研究が大きな転換点であったといえる。松本による指摘がなされてから20年が経過した2010年以降、社会的養護のもとで育った若者についての研究が活発化しているように見受けられる。特に、西田ら（2011）、谷口（2011）、伊部（2013; 2015）などの調査・研究は、退所後の困難な生活や社会との格差の解明に迫り、大きな成果をもたらすものといえる。

　一方で、これらの先行研究には、それぞれが当てている焦点ゆえに、いくつかの偏りが指摘される。第一に、質的データの分析に関する課題があげられる。インタビュー調査や聞き取り調査を行った研究でも、質的な分析手

順や方法が明示されているものは少なく、参与観察とエスノグラフィック・インタビューを行った谷口（2011）にみられるのみであろう。さらに近年では、5事例以下の少数の事例に対する調査をもとにしたものもみられるようになっているが、ニーズ把握のような形で実施される調査が主であり、（事例の数如何にかかわらず）なんらかの分析手法に則った科学的な方法での把握が求められる。

　第二に、退所者の生活全体を通した視点からの分析の必要性があげられる。これまでの研究は、退所者のそれぞれの属性（進学状況、就職状況等）といった面から輪切りにされて検討されるか、全体の事例の概況を掴むにとどまるかの傾向にあった。こうした中で、ライフチャンス概念でのオプションとリガチュアが混在しているか、どちらかに偏った考察が行われている傾向にある。妥当性をもった分析枠組みを用い、入所前から退所後、そして現在までを通した視点からの包括的な検討が求められる。

　第三に、この包括的な視点から、退所者それぞれの経験やニーズの類型化が求められる。これまでの研究では、まさに暗中模索するような形で実施されてきたところであるが、そこから一歩先へ進み、提供されたケアの効果、提供すべき支援の内容を検討するためには、退所者を一括りにするのではなく、退所者それぞれの経験の相違やタイプの検討が必要であると考えられる。

3）ライフチャンス概念の導入

　こうした先行研究の到達点を踏まえれば、社会的養護のもとで育った若者が抱える「生きづらさ」はどこからくるのか、社会的に孤立した状況に追い込まれるのはなぜか、といった問題に対する答えは、従来の視点からは十分に得られていない。

　ライフチャンス概念の視点からみれば、従来、議論の的になることの多かったオプション：社会的選択肢の拡大だけでなく、そこからの選択を支え

意味づけを行うリガチュア：社会的つながりについての検討が求められる。より詳しくいえば、選択肢（オプション）を並べるだけでは主体的な選択を行うことは難しく、足枷的・抑圧的なつながり（リガチュア）のもとでは選択は制限され、社会的孤立は増し、「生きづらさ」は解消しないだろう。つまり、ライフチャンスの概念から検討することで、選択肢を拡大するものは何か、選択肢からの選択を支えるものは何か、社会とつながるには何が必要かといった課題への接近も可能となるのである。

　このように、社会的養護のもとで暮らす子どもや育った若者たちの生活状況が困難に陥りやすい状況を把握するために、このライフチャンス概念を導入することの意義は大きい。さらには、上述したように、英国では社会的養護のもとで育った若者の「ライフチャンスの保障」を掲げたことが制度改革の大きな推進力となっていることから、制度設計の面でも大きな可能性を有する。そこで、本書では、社会的養護のもとで育った若者が抱える問題の把握と解決のための新たな視点として、「ライフチャンスの保障」という概念を用い、体系的な検討を行う。

注

1　社会的養護（フォスターケア）からエイジ・アウトしていく子どもたちの自立支援サービスは、1980年代後半から連邦の資金によって実施されるようになっていたのだが、資金規模が小さかったこともあり、多くの子どもたちが十分な援助を受けられないままに社会に放り出されていた。しかし1999年、彼らの苦境を知ったある連邦議会議員のイニシアティブによって、Foster Care Independence Act という法律が制定され、自立支援に利用できる資金が倍増された。その資金は、養子縁組の見込みのない14歳以上のフォスターケア児童に対して、フォスターケアから自立に移行するためのさまざまなプログラムを行うために利用されることとなった。

2　適応を「環境からの要請、条件に適合しながら、さらにそれらの環境へ自ら主体的に取り組み、自己充実、自己実現の為に積極的に働きかけていくこと」と規定し、「人間が生活環境の条件に適応するように環境に対して受動的、追従的、自己変革的な適応」である「順応」と区別したが、調査に用いられた設問のもうけ方や選択肢のつくり方に

明確な基準が示されているわけでないことから、松本は、「『理想的な適応』の状態を先験的に設定してしまっているという批判をまぬがれないだろう」とし、「順応」と「適応」の区分が曖昧なままになっていると指摘している（松本1987: 46）。

3　「平成18年度調査報告書」以降の調査については、報告をみつけることができない。

4　松本による一連の調査は、量的調査と質的調査を組み合わせたものであるが、質的な分析による知見も多いことから、この節に記載する。

5　「安定度の尺度の目安としておいたのは、退園後20年経った現在35歳の時点での生活状況、家族状況、職業状況を総合的に判断してのことである」（長谷川2000: 42）としている。

第 3 章

社会的養護措置解除後の生活実態とデプリベーション
―ライフチャンスの量的把握―

ここからは、第1章で確認したライフチャンスの概念を用い、社会的養護措置解除後の生活実態からライフチャンスの把握を試みる。まず本章では、これまでほとんど実施されてこなかった量的な把握を行う。

（1）量的把握の方法

1）自治体調査と捉えた退所者の層——二次分析の前提

　2010年代に入り、東京都福祉保健局（以下、東京都）（2011）による調査を端緒に、大阪市（2012）、静岡県児童養護施設協議会（2012）、埼玉県福祉部子ども安全課（以下、埼玉県）（2013）において社会的養護措置解除後の生活実態調査が実施された。これらの調査は、これまで不明だった退所者の生活状況を自治体の責務として量的に把握しようとした画期的な取り組みであるといえる。

　一方で、これらのデータが相互に関連づけられることは少なく、それぞれの集計結果が示されるにとどまっている。また、調査法からのいくつかの限界を指摘せざるを得ない。

　その一つが、自治体調査が捉えた退所者の割合と層についての限界である。4つの自治体調査は、すべてが郵送法による退所者自記式アンケートの方法で実施されている。この方法は、調査協力者の住所が把握できていることが前提条件であるため、接近できる退所者の人数と層が限定される。

　たとえば、東京都（2011）では、調査票が配布できたのは、対象期間の全退所者の45.3%であり、さらに回答があったのはその37.9%である。そのため、回答は対象期間の退所者全体の約20.4%を表したことになる（図3-1）。同様に算出すると、埼玉県調査（2013）の結果は、退所者全体の6.2%の回答となる。どちらも、全体を代表するには心許ない数字となっている。

　加えて、これらの調査は、「退所施設（あるいは行政）が住所を把握してい

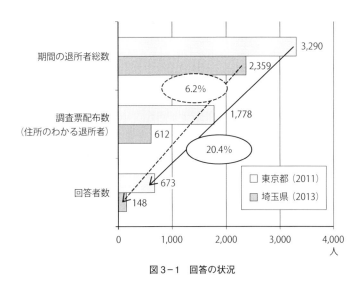

図 3-1　回答の状況

ること」が前提であるため、施設との関係を維持しておらず、住所を伝えていない退所者には、調査票が届かなかったり、施設へのさまざまな感情から回答を拒否するなどの状況が想定され、より安定した退所者の層に回答が偏る可能性がある。

2）施設職員記入式調査の実施——一次調査の実施

　上記の自治体調査に共通する退所者への郵送自記式アンケートという調査法の課題を克服し、退所者の生活実態をより正確に把握する目的で、2 つの共同調査を実施し、一次データの収集・分析を行った。

　調査概要については、表 3-1 下段の通りである。この 2 つの共同調査は、より多くの退所者の生活状況に接近するために、ケアを提供した施設を代表する職員に対し、把握している退所者の生活状況について回答を依頼した。

　1 つ目の調査である神奈川県児童福祉施設職員研究会調査研究委員会（以下、神児研）（2013）では、調査協力者の在籍年数、退所年齢、退所先、生活

表3－1　分析対象

データ	実施主体	対象地域	対象種別	調査期間	調査対象	調査方法	回答人数（回収率）・把握ケース数	調査協力者／退所者全体（%）	回答／退所者全体（%）	平均年齢（歳）
一次データ	東京都(2011)	東京都	児童養護施設・自立援助ホーム・児童自立支援施設・養育家庭	2010（平成22）年12月～2011（平成23）年1月	退所後1年から10年経過した者（3,920人）のうち、施設が連絡先を把握している者（1,778人）	郵送による退所者自記式アンケート	673人（37.9%）	45.3	17.1	22.9
	大阪市(2012)	大阪市	児童養護施設・乳児院・情緒障害児短期治療施設・母子自立支援施設（母子生活支援施設）	2011（平成23）年6月10日～6月27日	児童福祉施設を概ね5年間に退所した、施設または家族が連絡先を把握（配布数634件）	郵送による退所者または家族による自記式アンケート	161人（25.4%）	不明	不明	不明
	静岡県児童養護施設協議会(2012)	静岡県	児童養護施設	2011（平成23）年12月～2012（平成24）年2月	5年間に中学卒業以上で退所し、1人で社会生活を始めた者。施設が住所を把握できている者	郵送による退所者自記式アンケート	68人（80%）	84.1	67.3	21.1
	埼玉県(2013)	埼玉県	児童養護施設・児童自立支援施設・自立援助ホーム	2012（平成24）年4月～9月	過去10年間に退所した者（2,359人）のうち、施設が連絡先を把握している者（612人）	郵送による退所者自記式アンケート	148人（24.2%）	25.9	6.23	21.7
二次データ	神児研(2013)	神奈川県	児童養護施設・自立援助ホーム	2012（平成22）年5月～6月	平成18年度から平成22年度に退所した15歳以上であり、退所先が家庭（親族含む）ではない者	施設・ホーム代表者記入によるアンケート	30施設369ケース（100%）	100		21.4
	有村ら(2013)	全国	児童養護施設（東日本大震災被災3県除く）	2013（平成25）年1月～2月	平成21年度から平成23年度に退所した者	施設代表者記入によるアンケート	571施設中290施設6,155ケース（50.7%）	100		不明

環境の推移、職業・学歴の推移、勤務年数等について、ケースごとの回答を依頼した。

　2つ目の有村ら（2013）では、全国の児童養護施設（571施設、東日本大震災被災3県を除く）を対象に、入退所者数、進学状況、生活保護受給者数、精神疾患および犯罪の状況、無職者および不安定住居者数、女性保護施設入所者、障害者手帳取得者、死亡者数について施設ごとの総数を記入する方法で回答を依頼した。

3）分析の方法

　この職員記入式で収集した2つの一次データと4つの自治体調査による二次データの計6つの調査結果と公表統計を用いて、退所者の生活実態の量的な把握を試みた。

　具体的な分析の手順は以下の通りである。

①公開データの二次分析

　二次分析を行った退所後実態調査の概要は、表3-1の上段に示す通りである。これらの結果を比較するために、生活状況に関する調査項目のうち共通するものを抽出し、比較軸に採用した（表3-2）[1]。

　そのうえで、抽出した項目ごとに公表統計を用いて各自治体における社会全体の状況と照らし合わせた。その際には、退所者にも「若者」としての生活が保障されるべきであると考え、年齢層ごとに集計されている統計では回答者の推定平均年齢に該当する年齢層と比較することを重視した。

②一次データの分析

　調査で得た一次データは、SPSSを用いて統計分析を実施した。本書では、これらの一次データの一部を利用し、上記二次データとの比較を含めた総合的な考察を行った。

表3-2 二次データ調査項目の比較

	◎仕事の有無	転職の状況	業種	◎雇用形態	収入状況	◎生活保護(主な収入源)	高校進学状況	◎進学の状況	生活満足度	住まいの状況	転居の有無・回数	世帯の状況	婚姻状況	医療機関	公的年金	医療保険
東京都(2011)	●			●	●	●		●								
大阪市(2012)	●	●		●	●	●		●			●			●	●	●
静岡県児童養護施設協議会(2012)	●			●	●	●		●								
埼玉県(2013)	●		●	●	●	●		●	●				●			

※共通項目に「○」、採用した項目に「◎」

　なお、これらの調査結果は、それぞれ報告書として公表されている（神児研 2013; 有村ら 2013）。

③倫理的配慮

　調査・分析は、日本社会福祉学会研究倫理指針を厳守して行った。具体的には、一次データ収集のためのアンケート実施時に回答者・施設名の匿名性の担保およびデータの厳重な管理について誓約を行った。また、調査主体である神児研に対して「データの使用に関して」書面にて誓約を行い、同意を得ている。

④研究法の限界

　各自治体の公開データと収集した一次データの調査対象年度と収集したケース数をまとめると表3-3となる。東京都（2011）以外の公開データと全国調査によって収集した一次データ（有村ら 2013）は、回答されたケースが重複している可能性がある。公開データを分析する以上、重複していると想定される特定のケースを除外することは不可能であり、分析の限界である。

表 3-3　公開データと一次データの調査対象の重複

	調査対象年度												
	1999	2000	2001	2002	2003	2004	2005	2006	2007	2008	2009	2010	2011
東京都 (2011)	673 ケース												
有村ら (2013) のうち、東京都内の施設											737 ケース		
大阪市 (2012)								161 ケース					
有村ら (2013) のうち、大阪市内の施設											62 ケース		
静岡県児童養護施設協議会 (2012)								148 ケース（※中卒以上自活退所）					
有村ら (2013) のうち、静岡県内の施設											265 ケース		
埼玉県 (2013)								148 ケース					
有村ら (2013) のうち、埼玉県内の施設											324 ケース		

（2）退所者のオプションの状況

　分析の結果について、まずはオプションの面から確認する。

1）教育機会：高い高校中退率と大学等進学の格差

①社会的養護と教育ニード——先行研究から

　子ども期のオプションを大きく反映すると考えられるのが、教育の機会であろう。従来から、貧困の世代間連鎖や世代間再生産を防ぐ方策として教育の重要性が指摘されてきた（青木 1997; 阿部 2008）。児童養護施設で暮らす子どもの多くが経済的困難を抱えている家庭出身である（東京都福祉保健局 2005）ことを鑑みると、社会的養護を必要とする子どもにとっても教育機会の重要性は同様である。

また教育の機会は，「レジリエンス」の視点からも有効である。「レジリエンス（resilience）」とは、子どもを「傷つきやすく、環境に対して無力なだけの存在ではなく、むしろ、あらゆる困難を乗り越え回復しようとする力強さももっている」と捉える視点である[2]。フレイザー（Fraser＝2009）は、子どものレジリエンスは、個人と環境のさまざまな条件の相互作用によってもたらされるとしており、児童期の社会問題についてのリスク要因には「教育や雇用の機会が非常に少ないこと」、反対に防御促進要素には「教育、就労、成長、ものごとを達成する機会が多いこと」をあげている。レジリエンスの観点からも、困難な幼少期を過ごし、社会的養護のもとで生活する子どもたちにとって教育の重要性は高いと考えられる。

　以上から、社会的養護のもとでの教育ニーズが高いことは明らかである。にもかかわらず、1970年代までは児童養護施設で生活する子どものほとんどが義務教育終了後に退所・就職をするという厳しい状況であり、高校退学の課題が長く議論されてきた。

　高校進学が低位であることの要因に関する先行研究を概観すると、子どもの学力・態度・意欲などの「子ども自身の問題」（小川ら 1983; 古川ら 1983; 松本 1987）と職員体制、経済的問題、進路指導のあり方、制度的不備等の「高校進学に関する条件の問題[3]」（小川ら 1983; 古川ら 1983; 松本 1987; 浅井 2008; 早川 2008）に大別される。このような先行研究での指摘や児童養護施設職員によって展開されたいわゆる「高校全入運動」、特別支援費の支給により私立高校への進学が可能となるなど制度の変化により、2017年現在では、児童養護施設と全中卒者との差は約3％にまで縮まっている（厚生労働省 2017a）。

　一方で、児童養護施設からの大学等進学率には、依然として一般家庭からの進学との格差が存在する。全高卒者の大学等進学率が54.3％であるのに比して、児童養護施設からの大学等進学率は13％であり、約4分の1程度となっている[4]。

②高校中退率の高さ

　これまでの先行研究を踏まえ、分析結果から退所者の教育機会についての把握を試みる。有村ら（2013）では、高校中退率について把握を試みた。過去3年度間の高校進学者数男子1,557名、女子1,419名に対して、高校中退者は男子279名、女子234名であった。進学者数から高校中退率を算出すると、約17.2％となる（表3-4）。これは、文部科学省による社会全体の高校中退率1.7％と比較すると、約10倍である[5]。現在の児童養護施設等では、高校中退した場合には即時の退所を伴う場合がほとんどであり、高校の継続は生活の場の保障という意味でも非常に重要である。こうした観点からも高校の中退率の高さの要因を明らかにし、克服する必要がある。

③大学等進学率の格差

　さらに、大学等進学率を自治体平均と比較すると、退所者の進学率は約4分の1～12分の1であった（図3-2、表3-4）。この数字から明らかなように、児童養護施設からの大学等進学には、社会全体との格差が存在している可能性がある[6]。

表3-4　大学等進学率等の比較

データ	調査主体	退所者進学率	自治体進学率[1]	退所者／自治体	高校中退率
二次	東京都（2011）	20.13％[2]	65.4％	0.31	
	大阪市（2012）	13.98％[3]	58.7％	0.24	
	静岡県児童養護施設協議会（2012）	4.40％	54.1％	0.08	
	埼玉県（2013）	19.58％[4]	54.7％	0.36	
一次	有村ら（2013）（全国）	5.36％	56.5％	0.09	17.2％

1 ）東京都：文部科学省「平成22年度学校基本調査　高等学校卒業後の状況調査」。大阪市および静岡県：「平成23年度学校基本調査　高等学校卒業後の状況調査」。大阪は大阪府の数値を採用。埼玉県：「平成24年度学校基本調査　高等学校卒業後の状況調査」。全国の進学率は、文部科学省「平成21～23年度学校基本調査」のうち、「大学（学部）・短期大学（本科）への進学率（過年度高卒者等を含む）」の平均。
2 ）「施設退所後に進学した学校」に回答した人のうち、「高校」と「その他」の割合から算出した人数を除した数値。
3 ）「専門学校、短大、大学などに進学し、卒業した（在学中）」および「専門学校、短大、大学などに進学したが、中退した」の割合から算出。
4 ）「施設退所後に進学した学校」に回答した人のうち、「高校」と「その他」の割合から算出した人数を除した数値。

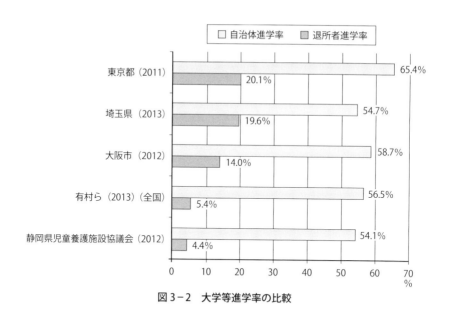

図3-2　大学等進学率の比較

　さらに、それぞれの公開データの調査期間である2009（平成21）年度～2011（平成23）年度に高校を卒業した児童養護施設児童の大学等進学率は平均11.96％（厚生労働省2011; 2012; 2017a）である。この児童養護施設からの進学率の全国平均と比較すると、東京都と埼玉県の退所者は進学率が約2倍高く、静岡県では2分の1にとどまっている。

　これらの結果から、児童養護施設からの大学等進学率には、社会との格差に加えて、地域間の格差が存在している可能性がある。これは、公表された自治体平均の進学率をみても同様の指摘ができる（表3-5）。

④なぜ進学格差が存在するか

　こうした進学の格差は、なぜ生じているのであろうか。児童養護施設からの大学等進学が低位であることについて、早川（2008）は子どもが独力で学費を含めた生計をたてなければならない経済的な困難を指摘している。長瀬（2008）は、児童養護施設生活経験者の「大学等進学者の経緯」について

表 3 − 5　大学等[1] 進学率の自治体[2] 平均

進学率区分	自治体数	自治体名（進学者数）						
0%	13	秋田県 (0)	新潟県 (0)	富山県 (0)	福井県 (0)	和歌山県 (0)	徳島県 (0)	佐賀県 (0)
		仙台市 (0)	千葉市 (0)	川崎市 (0)	堺市 (0)	広島市 (0)	横須賀市 (0)	
〜 5%	3	名古屋市 (1)	青森県 (1)	岩手県 (1)				
〜 10%	15	大分県 (1)	群馬県 (1)	横浜市 (1)	石川県 (1)	静岡県 (1)	神奈川県 (3)	大阪市 (2)
		千葉県 (3)	浜松市 (1)	北海道 (8)	岡山県 (2)	北九州市 (2)	鳥取県 (1)	京都市 (2)
		鹿児島県 (3)						
〜 15%	14	高知県 (3)	札幌市 (1)	岡山市 (1)	兵庫県 (4)	京都府 (2)	愛知県 (4)	金沢市 (1)
		広島県 (3)	埼玉県 (7)	岐阜県 (5)	愛媛県 (5)	熊本県 (4)	島根県 (1)	山口県 (4)
〜 20%	13	長崎県 (6)	茨城県 (5)	栃木県 (3)	宮崎県 (1)	宮城県 (1)	福島県 (2)	福岡県 (5)
		神戸市 (5)	大阪府 (9)	山形県 (3)	長野県 (6)	三重県 (5)	福岡市 (3)	
〜 25%	6	沖縄県 (4)	奈良県 (4)	東京都 (33)	山梨県 (5)	香川県 (1)	滋賀県 (2)	
30 〜 35%	1	さいたま市 (2)						
45 〜 50%	1	相模原市 (2)						

1 ）大学・短期大学等への現役進学率：高等学校および中等教育学校後期課程本科卒業者のうち、大学の学部・通信教育部・別科、短期大学の本科・通信教育部・別科および高等学校等の専攻科。

2 ）データ：厚生労働省雇用均等・児童家庭局（2011）。高校 3 年生在学児童数がいない新潟県、静岡県、熊本県は除外。

の聞き取り調査から、「①幼い頃からの就きたい職業の存在、②ロールモデルとの出逢い、③進学は実現可能であるというメッセージ、④大学進学への肯定的メッセージ、⑤生活への具体的な見通し」（長瀬 2008: 64）が進学動機であったとし、これらには、児童養護施設職員、同じ境遇で大学に進学している先輩の存在、家族・親戚の存在が影響を与えたとしている。また、多くの場合、社会資源を仲介する役割を児童養護施設職員が担っていたことから「児童養護施設で生活する子どもにとっては、生活している施設のなかで

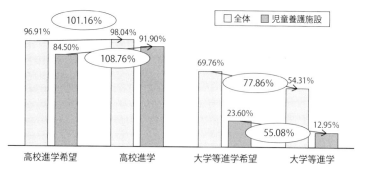

1) ①全中学卒業者・高校卒業者に関する数値：文部科学省（2010）。全中学校卒業者数（1,228,160）、
高等学校等への入学志願者数（1,190,242）、高等学校等への進学者数（1,204,028）、全高等学校卒業
者数（1,068,292）、大学・短期大学への入学志願者数（745,202）、大学等への進学者数（580,228）。
調査時期：平成22（2010）年5月1日。②児童養護施設・高校進学および大学等進学希望の値：厚
生労働省（2009）。中学3年時の高等学校（各種学校）進学希望（人数未公開）、高校3・4年時の大
学（短大）進学希望（人数未公開）。調査時期2008年2月1日、調査協力者：児童養護施設入所児
童31,593人（うち、中学3年2,402人、高校3・4年1,358人）。③児童養護施設・高校および大学
等進学率：厚生労働省（2011）。全中学校卒業者数（2,509）、高等学校等への進学者数（2,305）、全
高等学校卒業者数（1,444）、大学等への進学者数（187）。調査時期：平成22（2010）年5月1日。

図3-3 進学希望率と進学率の比較[1]

出典：永野（2012）を一部加工

信頼できる職員がいるかどうか、職員が社会資源の存在を把握しているかど
うかが、その子どもの進路を大きく規定することが示唆される」（長瀬 2008:
64）と考察している。加えて、長瀬（2010）においては、高学歴達成者にな
ることを支えたのは、進路選択において進学は可能であるというイメージを
もてたこと、経済的な負担を軽減する術を得ていたことをあげている。

　永野（2012）は、進学意欲と実現性の格差に着目する。全中卒者・高卒者
と児童養護施設で生活する子どもの進学希望と実際の進学率とを比較する
と、高校進学では、両者とも希望以上の進学が行われている[7]。一方で、大
学等進学については、児童養護施設からの進学希望が一般の3分の1程度と
なっている（図3-3）。これは、単純な本人の進学意欲の低さのみでなく、
それまでの養育環境において学業を獲得・回復し得なかった結果とも予想さ
れる。また、苅谷（2001）が提唱する社会階層による「意欲の格差（インセン

ティブ・ディバイド）」によって、本人の努力以前の段階で意欲の格差が生じ
ている可能性も指摘する。さらに、児童養護施設での、周囲の大学進学率の
低さから、進学希望自体が生まれないという負のスパイラルも想定できる。

　さらに、大学等進学を希望する割合と実際の進学率を比較した「実現性」
の差も読み取れる。全体では、約 7 割の進学希望に対し、進学率が 54.3％で
あることから、実現率は 77.86％と考えることができる。同様に考えると、
児童養護施設における実現率は 55.08％となり、全体と 2 割以上の差が存在
していることになる。こうした比較から、児童養護施設等からの大学等進学
が低位である背景には、まずは、大学進学を「希望するか／できるか」とい
うスタート時点の差が影響していると考えられる。さらに、たとえ進学を希
望したとしても、現実的に進学できるかという実現性の差が存在すると考え
られ、この両者からの検討が求められる。

2）就職機会：高い有業率と低い非正規雇用率

　次に分析の結果から、就職の機会について整理する。

　有業者に関する二次データを各自治体の 15 〜 24 歳の層の平均と比較する
と、退所者の有業者率は同年代の 2 〜 3 倍という高さであった（表 3-6、図
3-4）。また、雇用形態は、東京都の女性を除き退所者の非正規雇用率が低
く、特に静岡県（2012）の非正規雇用率は、自治体平均の 2 分の 1 程度と最
も低くなっていた（図 3-5）。

　この有業率の高さと非正規雇用率の低さをどのように理解すべきであろう
か。第一には、上記の大学等進学率の低さをうけて、平均年齢約 21 歳であ
る回答者たちの大学等在学率が低いことが影響し、同年代の若者と比べると
働くことに比重がかかる生活であることがうかがえる。

　第二には、家族による経済的補助が期待できない退所者の場合、若者のみ
で生計をたてられるだけの仕事をもつ必要があり、正規雇用を求める率が高
いことが考えられる。反面、こうした状況下で職に就けない退所者がいるこ

表3-6 有業者率および非正規雇用率の比較一覧

	退所者有業者率		自治体有業者率 （15～24歳）1)		退所者／自治体 （15～24歳）	
東京都（2011）	83.7 2)		29.55		2.83	
大阪市（2012）	43.96 3)		40.1		1.09	
静岡県児童養護施設協議会（2012）	91.2		42.52		2.14	
埼玉県（2013）	66.2		27.82		42.52	
	退所者非正規雇用率4)		自治体非正規雇用率 （15～24歳）5)		退所者／自治体	
	男性	女性	男性	女性	男性	女性
東京都（2011）	43.5	66.1	52.4	52.9	0.83	1.25
大阪市（2012）	49.0		53.0		0.92	
静岡県児童養護施設協議会（2012）	24.2		41.5		0.58	
埼玉県（2013）	35.0	51.7	49.3	55.7	0.71	0.93

1) 総務省統計局「平成24年 就業構造基本調査」参照。東京都および埼玉県は在学中の退所者を省いて有業率を算出しているため、自治体有業率も同様に東京都と埼玉県は〈（有業者総数－通学が主なもの）／総数〉で算出。

2)「働いている」＋「ときどき働いている」の値。

3)「現在の仕事の形態」の回答数／（回答者総数－母子生活支援施設退所者）。

4) 各調査結果から、正規雇用（正職員）の割合を除したもの。

5) 総務省統計局「労働力調査」参照。東京都：総務省統計局「労働力調査 平成22年平均地域、雇用形態、年齢階級別」南関東の値、大阪市および静岡県：総務省統計局「労働力調査平成23年平均地域、雇用形態、年齢階級別」近畿および東海地方の値、埼玉県：総務局統計局「労働力調査平成24年平均雇用形態、年齢階級別」南関東の値。

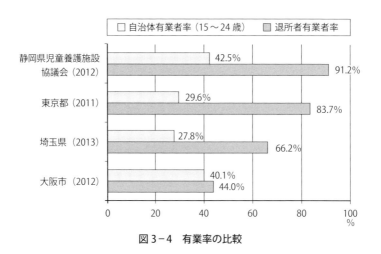

図3-4 有業率の比較

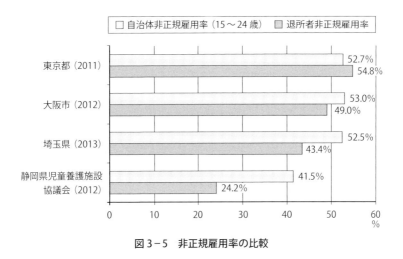

図3-5　非正規雇用率の比較

と、有業者の半数近くが非正規雇用に就いていることもまた現実であり、この場合の経済的な困窮が予想される。

3）生活移行：困難な職業と住居への移動

①職業の推移

　職業については、有業率や雇用形態に加えて、どのような職業に就いているかも重要な事項であろう。神児研（2013）における一次データを用いて、「自活退所」した場合の退所直後と現在の職業および住居の推移を比較した。分析の結果、退所直後に就く職業として最多の職業は「飲食」（50人、13.55％）であり、次いで「工場関係」（38人、10.90％）であった[8]。一方、現在の（最終確認のとれた）職業では、「職業不明」（45人、12.19％）が最多となった。退所直後の職業と比較して、退所後の経過に伴い、「職業不明」「無職」「生活保護」「水商売」が増加しており（矢印）、職業移行の困難さがうかがえた（図3-6）。

　これらの困難が想定される職業に就く割合は、18歳未満で退所した場合

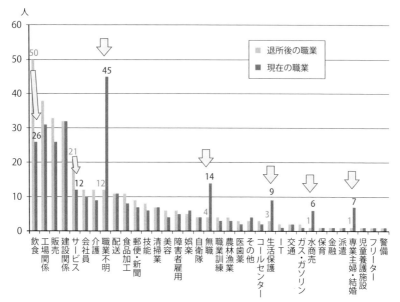

図3-6　退所時職業と最終確認の職業（N＝369）

データ出所：神児研（2013）

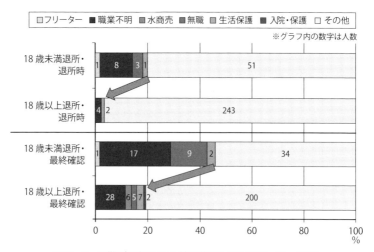

図3-7　困難が予想される就労状況と退所年齢（N＝369）

データ出所：神児研（2013）

に高く、特に退所後よりも最終確認の職業において、この違いが大きくなっていた（矢印）（図3-7）。

②住居

18歳未満で「自活」退所した場合、住居の推移においても退所直後およびその後の推移によって増大傾向にある困難さは、職業の推移と同様であった[9]。

「自活退所」したにもかかわらず、退所先（退所時）の住居の状況では、退所年齢が若いほど、「アパート・マンション・一人暮らし」「会社寮・住み込み・職員寮」といった、「自活」的な環境に居住する割合が低くなってい

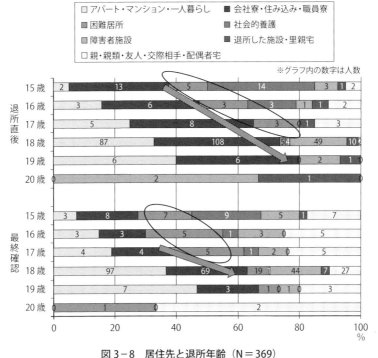

図3-8　居住先と退所年齢（N＝369）

出典：神児研（2013）

た。また、退所年齢18歳未満の場合には「不明・不安定居所」への退所が多くみられた（丸で囲んだ部分）（図3-8）。

　同様に、最終確認のとれた（現在の）住居でも、退所年齢が若いほど居住先が不安定であり、なかでも、18歳未満退所での「自活」的な環境への居住の少なさと「不明・不安定居所」への居住の多さが目立った。こうした状況は、17歳退所と18歳退所の間に格差がみられた（矢印）。

　この結果から、神児研（2013）の調査対象であった「自活退所」の場合には、「18歳まで施設にいられたか」という点が、職業と住居の安定度を左右することが推測される。翻っていえば、18歳まで施設にいられず、「自活」退所した若者にはより困難が集積することが考えられる。

4）経済：退所者の高い生活保護受給率

　次に、退所者の経済状況はどのようなものであろうか。4つの二次データの分析結果からは、退所者の高い生活保護受給率が明らかとなった（表3-7、図3-9）。

　具体的には、生活保護の受給率について、4つの自治体調査の結果とそれぞれの調査時期に該当する各自治体平均受給率とを比較した結果、退所者の生活保護受給率は約4倍であった。また、一般に20歳代前半の生活保護受給率は低いことから、各自治体の20代の受給率平均を算出し、比較した。その結果、退所者の生活保護受給率は、各自治体における同年代の生活保護受給率に対し約19倍であった。

　また、一次データにおいても、過去3年度間で退所した児童の生活保護受給は512名（6.64％）であり（表3-7・表3-9）、全国の2009（平成21）年度から2011（平成23）年度の20代の平均受給率が0.37％であることと比べると、17.95倍であった[10]。

　これらの結果から、退所者の生活保護受給率は平均して同年齢層の約18倍となっており、退所者の経済的困窮に陥る割合の高さが示唆された。

表3-7　生活保護受給率の比較

データ		退所者受給率	自治体受給率[1]	退所者受給率／自治体受給率	自治体20代受給率[2]	退所者／自治体20代平均
二次	東京都（2011）	7.9%	1.95%	4.05	0.36%	21.70
	大阪市（2012）	23.5%	5.68%	4.14	1.24%	18.82
	静岡県児童養護施設協議会（2012）	2.9%	0.86%	3.37	0.19%	14.92
	埼玉県（2013）	6.3%	1.28%	4.92	0.30%	20.36
一次	有村ら（2013）（全国）	6.64%			0.37%	17.95

1) 東京都：厚生労働省「平成22年度福祉行政報告例」、大阪市および静岡県：厚生労働省「平成23年度福祉行政報告例」
（静岡県は別掲の政令指定都市静岡市と浜松市との平均）、埼玉県：埼玉県「埼玉県の生活保護」※埼玉県の調査実施
時期である平成24年度の福祉行政報告例が未発表（2013年7月末現在）のため県による公式発表を参照。（http：//
www.pref.saitama.lg.jp/site/saitamaseiho/seihotoukei-sokuhouti.html、2013.7.17）

2) 厚生労働省「平成21年度〜平成23年度被保護者全国一斉調査」における20〜29歳の被保護人員を、総務省統計
局「人口推計（平成21〜23年10月1日現在）」および大阪市ホームページ「各年10月1日現在　年齢別推計人口」
（http：//www.city.osaka.lg.jp/toshikeikaku/page/0000015211.html）の20〜29歳の人口で除したもの。「被保護者全
国一斉調査」は、政令指定都市が別掲のため、埼玉県にはさいたま市、静岡県には静岡市と浜松市の被保護者数を加算
している。

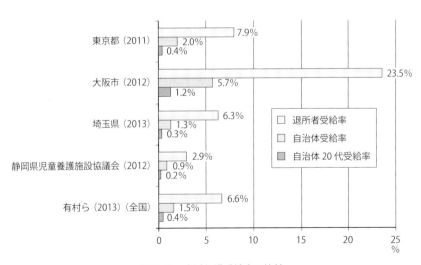

図3-9　生活保護受給率の比較

（3）退所者のリガチュアの状況

　次に、ライフチャンスのもう一つの鍵である「リガチュア：社会的つながり」の状況を、量的調査のデータから把握できるものについて確認する。

1）施設とのつながり：途絶えるつながり

　退所者にとって、入所中および退所直後の社会的つながりの大部分は、生活した児童養護施設での養育者との間によるものであることが想定される。また、退所者のアフターケアは、児童福祉法によって規定される社会的養護の役割でもある。

　しかし、前述したように、自治体調査によって浮き彫りになった「施設が連絡先を把握している退所者」の率はきわめて低くなっており、施設とのつながりが断たれている退所者の姿が浮かんでくる。

①不明になる割合

　一次データの収集では、住所が「不明」で調査票自体が届けられなかった退所者や、回答を拒否し状況が反映されなかった退所者の状況を把握するために、施設を代表する職員に回答を求めた。

　その結果、有村ら（2013）では、3年度間に退所した男子 2,542 名、女子 3,613 名のうち、連絡がとれる退所者は男子 69.9％、女子 72.2％であり、直近の3年度間の退所者でもすでに約3割が連絡をとれない状態であることが明らかとなった。

　また、神児研（2013）では、居住先の推移において、26 人（7.0％）が現在の住居が「不明」であった。退所者への郵送法自記式調査では、この層の状況が反映されていなかったと考えられる。

　アフターケアの実施を考えると、退所者の連絡先や居住先の把握は支援の

表3-8 退所者と連絡が取れなくなることに対する施設側の考え・詳細

（ア）退所者本人が連絡を断つ	①本人が転居・退職等の後、連絡を断つ	●本人が転居などをして、その内容を連絡してこないため ●仕事を辞めてしまい、自分の理由（面倒臭いなど）で（連絡を）やめてしまう ●転居後の連絡がない ●退所者の特性上、退所後の居所や学校、職業が安定しない ●携帯番号だけでは行方がわからなくなる
	②本人が後ろめたい理由で、連絡を断つ	●退所者が失職するなどして、格好悪い姿を見せたくないと思ってしまう ●自分の負い目から、連絡しにくくなってしまう（施設の紹介で入社した仕事を辞めてしまうなど） ●施設に対して、何らかの後ろめたい気持ちから連絡を絶つケースがある ●不本意な離職をした場合や、人に話しにくい職業に就いた場合に、気まずさが生まれてしまうため ●悪いところは見せられないと思い、子ども自身が関わりを断ってしまう ●住居転居、仕事を辞め、気まずさから自ら連絡が途絶えている ●家賃を踏み倒し、施設が肩代わりしている退所者は連絡が途絶えている ●経済的、精神的な理由や、人間関係などで連絡が出来なかったり、連絡しにくい状況がある
	③本人が連絡を断ちたがる	●園との連絡を一度シャットアウトした状態で、電話番号変更などがあるとそこまで把握できない ●連絡を取りたくないと思っている児童に関しては仕方がない ●施設との関わりを断ちたいという気持ちがある場合もある ●プライバシーの保護
（イ）施設と退所者の関係性	④退所後には頼れないと思われている	●（施設は）頼れない状態であり、児童からも頼れないと思われている ●退所後に「施設は頼れる場所ではない」という印象を持たれてしまっている事が一つの理由となってしまっている ●気軽に相談に来られる窓口が確立できていない
	⑤退所前に関係性を築けなかった	●担当年数が短く、担当児との繋がりが薄い ●担当職員が在園中に関係を築けなかった ●卒園後も連絡を取り合う関係が持てなかった
（ウ）施設側の体制の課題	⑥積極的なアフターケアの不足	●職員の意識が低い事が大きな理由である ●卒園後、担当職員が積極的に連絡をしなかった ●施設側の受身な姿勢 ●職員1人1人の意識の差 ●具体的なプログラムを設定していないため、特に大きな問題を抱えていない児童については積極的にアフターケアを行ってきていない事が一番大きな原因 ●退園児童から発信がなければ何も協力できないのが現状 ●定期的な訪問や連絡（電話）が実際に行えていない
	⑦入所児で手一杯	●現状に手一杯で手が回らない ●入所児童の対応で精一杯の為、退所児童まで回らない ●ケアの体制を整える余力がなく、（退所者へ）手をかけられない ●アフターケアの意識が低くなってしまう程、児童養護施設職員が激務をこなしている
	⑧アフターケア体制の不備	●施設として、アフターケアの意識が無い ●アフターケアを担当する役職、部署がなく担当任せであるため ●アフターケアに対応をする職員に、時間的な余裕がないため
	⑨個人での支援を共有していない	●元担当職員との繋がりに頼っている部分が多い ●個々の児童については、担当者が連絡先を把握しているものの、（施設が）統括して把握していないことが一因 ●（組織として）定期的な情報交換を行っていない
	⑩退所児を知る職員の退職	●学園に遊びに来ても知っている職員がいなく疎遠になりやすい ●職員の退職による人の移りかわり

データ出所：神児研（2015）から筆者整理・作成

大前提である。さらに、不明になる層が一定数存在することを想定し、その生活実態を正確に反映する方法を模索しなければならないだろう。

②なぜ退所者と連絡がとれなくなるのか

こうした退所者が退所施設との連絡がとれなくなることについて、施設側がどのように考えているか、興味深いデータがある。筆者が研究協力者となり実施した神児研（2015）では、神奈川県内の児童養護施設に対し、退所者と連絡がとれなくなることに対する考えを尋ねている。その自由回答を整理すると、㋐退所者本人が連絡を断つ、㋑施設と退所者の関係性、㋒施設側体制の課題の3つに大別された（表3-8）。連絡を断った退所者の意見を反映できていないため、施設側の考えに偏ってはいるが、連絡がとれなくなる理由は、つながりを断つ退所者、つながりを維持できない施設、両者の関係性の課題に集約されると考えられる。

2）周縁化：特別なニーズを抱える退所者

加えて、有村ら（2013）では、過去3年度間に退所した7,710名のうち、特に生活困難のニーズを抱えていると想定される退所者の状況について把握した。その結果、精神科病院等への入院者34名（0.44%）、逮捕・補導歴のある者194名（2.52%）、少年院・刑務所等収容経験者51名（0.66%）、住所不定者83名（1.08%）、ホームレス1名（0.01%）、女性保護施設入所者10名（0.13%）であった。また、死亡者も11名（0.14%）おり、そのうち2名は自殺であった（表3-9）。過去3年度間の結果であることを考えると、看過できない数値である。

これらの状況に陥った退所者は自宅に居住していない／生存していないため、郵送法自記式アンケートでは、把握されていなかった層であると考えられる。こうした特にニーズを抱えていることが想定される退所者が、周縁化されている可能性がある。

表3-9　特別なニーズを抱えた退所者の状況

	退所した子どもの数	うち連絡がとれる退所者数	精神科病院等への入院者	精神科病院等への通院者	逮捕・補導歴のある者	少年院・刑務所等収容経験者	住所不定者	ホームレス
人数	7,710	5,473	34	149	194	51	83	1
該当施設数	289	264	28	84	96	46	53	1
1施設平均人数	13.75	10.3	0.248	0.943	1.183	0.354	0.593	0.009
退所者総数に占める割合		70.99%	0.44%	1.93%	2.52%	0.66%	1.08%	0.01%

	女性保護施設入所者	死亡者	うち自殺者	無職者	生活保護受給者			障害者手帳取得者
					世帯主として	世帯員として	世帯主不明	
人数	10	11	2	156	97	401	14	306
該当施設数	9	10	2	85	57	84	9	120
1施設平均人数	0.081	0.085	0.067	1.083	0.703	2.844	0.141	1.811
退所者総数に占める割合	0.13%	0.14%	0.03%	2.02%	1.26%	5.20%	0.18%	3.97%

データ：有村ら（2013）

　さらに、無職者が156名（2.02％）、精神科病院等への通院者が149名（1.93％）、障害者手帳取得者が306名（3.97％）であり、退所後の生活においても継続的な支援を必要とする退所者が少なくないと考えられる。

（4）小括：ライフチャンス・デプリベーション

　以上の結果から、社会的養護を離れた若者のライフチャンスについて量的な視点から小括する。
　オプションとしては、（1）教育機会、（2）就職機会、（3）生活移行、（4）経済という枠組みから把握した。
　教育機会では、一般の若者たちと比較して、約10倍の高校中退率であった。また、大学等進学率の低さが示され、一般との格差に加えて施設間（地

域間）の格差がみられた。これらの状況から、社会的養護で育つ若者の教育機会の格差が深刻であることが明らかとなった。

　経済状況をみると、生活保護受給率は同年代の18倍以上であり、重篤な経済的困窮に陥る退所者の存在が示唆された。社会的養護を措置解除された若者は、家族による扶養が期待できず、退所者自身の稼ぎに生活のすべてがかかっていることも少なくない。さまざまな理由で就労が困難になると、即座に重度の経済的困窮に陥る危険性がある。

　生活移行の状況では、特に18歳未満での「自活」退所を余儀なくされた場合に、退所直後の職業および住居において不安定な状況に陥りやすいことが明らかとなった。また、この傾向は、退所後の推移によってより強化される可能性が示唆され、不利が集積していると考えられる。

　また、同年齢と比して、退所者の有業率および正規雇用率が高いと同時に、生活保護受給率も高くなっており、正規雇用により就労している退所者と生活保護を受給している退所者が分化している可能性が示されている。また、大学等進学の機会も社会との格差のみならず施設間格差があり、退所者間での進学の機会にも差が生じている。

　こうした状況から、退所者の生活が多層化している可能性があり、同時に不利が集積しデプリベーション状態に陥っている層が存在していると推測される。本書においては、「自活」退所する場合には18歳までケアを受けられる（た）かという点がその後の生活を左右する可能性が示唆される。

　リガチュアの状況では、退所した施設とのつながりが切れていく状況が明らかとなった。退所後3年度間で、すでに約3割が連絡をとれない状況に陥っていた。加えて、司法や精神保健、他の福祉制度や公的保護の介入・支援を必要とする特別なニーズをもつ退所者も少なくないことが明らかとなった。

　こうした社会的養護を措置解除された若者の生活は、デプリベーションとも呼べる状況であるといえる。

注 ──────────────────────────────────

1　「収入状況」については、給与の税込み額か手取り額かを回答者判断としているものがあり、除外した。

2　ウォリンとウォリン（Wolin and Wolin = 2002）は、これまでの精神医学と心理学の領域において、子どもは、「傷つきやすく、無力で、家族にがんじがらめになっている」(23) 存在と捉えられ、「有害な影響にさらされることで引き起こされる生涯続くダメージ」(22-23) に関心が払われてきたと述べる。この、子ども時代のトラウマが一生を台無しにするというような言説を「ダメージ・モデル」と呼び、その問題点を、①現在においてよりよく生きることよりも、過去に受けた傷に焦点が当てられることで、問題にどのように対処するのかという情報が提供されない、②どのように傷つけられたかが繰り返し意識づけられることによって、子どもが自身を犠牲者として固定していく。この犠牲者としての子どもというイメージは、子ども自身が変化するという作業を邪魔する、③家族の問題は避けがたく世代を超えて繰り返されることを前提とするため、当事者を不安にさせる、と指摘し、レジリエンスを想定した「チャレンジ・モデル」への転換を訴える（Wolin and Wolin = 2002: 24-26, 筆者要約）。

3　1973 年には高校進学が、特別養育費として予算化されたものの、公立高校のみの予算であり、施設からの持ち出しも多く、高校進学は少数に限られた（喜多ら 2009）。

4　2009（平成 21）年度末に高等学校等を卒業した全児童養護施設児童のうち、2010（平成 22）年 5 月 1 日現在の進路による。厚生労働省（2011）の進学率発表と同様に、在籍児童と退所児童の大学・短期大学・高専 4 年を合計した数値。

5　文部科学省「平成 21、22 年度児童生徒の問題行動等生徒指導上の諸問題に関する調査」。

6　調査回答者の大学等進学に関する数値には、過年度高卒者の進学も含むと考えられる。

7　高校進学後の状況については，課題が残されている。2005 年度中の児童養護施設で生活する子どもの高校中途退学者は 12.1%（全国児童養護施設協議会編 2006）となっており、全体の 2.1%（文部科学省 2005）と比べると約 6 倍の高さとなっている。

8　自由記述の方法をとったため、職業推移の職業名については 103 の職業が回答された。テキストによる形式的な分類ではなく、内容ごとにグループ化する質的な方法で分類することで、35 の職業に収束させた。

9　自由記述の方法をとったため、居住環境の推移については 49 の居住環境名が回答された。テキストによる形式的な分類ではなく、内容ごとにグループ化する質的な方法で分類することで、6 つのグループに収束させた。

10 保護率は、厚生労働省「平成 21 年度～平成 23 年度被保護者全国一斉調査」における 20 ～ 29 歳の被保護人員を、総務省統計局「人口推計（平成 21 ～ 23 年 10 月 1 日現在）」 の 20 ～ 29 歳の人口で除したもの。

第 4 章

社会的養護のもとで育った 21 人へのインタビュー調査
― ライフチャンスの質的把握の方法 ―

前章では、社会的養護措置解除後の生活状況について、これまで不十分だったデータの収集と分析によって量的な把握を行った。これらの量的状況を踏まえたうえで、本章と次章（第5章）において、退所者の体験や主観的評価に重点を置いたライフチャンスの質的把握を実施する。

　まず第4章では、質的把握の方法および分析枠組みの生成について述べる。

（1）インタビュー調査の方法

1）調査協力者の選定

　ライフチャンスの質的な把握のために、社会的養護のもとでの生活を経験した方21名へのインタビュー調査を行った。調査協力者の選定にあたっては、①20代から30代であること、②これまでの生活状況を語ることができる状況であることを条件とし、支援団体や関係者に紹介を依頼した。調査協力者の属性一覧は、表4-1である。

　選定基準の影響をうけ、調査協力者21名には、いくつかの特徴がみられる。第一に、児童養護施設等からの大学等進学率の平均と比較すると、インタビュー調査の協力者は、大学等在学中2名、卒業14名、中退1名と、進学者の割合が高くなっている。第二に、当事者活動に何らかのかかわりをもつ割合も高い。こうした特徴を踏まえたうえでも、入所前から退所後の現在の状況までを通した調査協力者による語りは、貴重なものであると考える。

2）調査の実施

　インタビュー調査の実施時期は2008年5月から2013年1月までである（表4-1）。

　調査は半構造化面接によって実施し、許可を得たうえでICレコーダーに

表4-1　調査協力者属性

	調査年	調査時の年齢	性別	入所年齢	社会的養護1	退所年齢	入所年齢	社会的養護2	退所年齢	入所年齢	社会的養護3	退所年齢	当事者活動
A	2012	20代後半	女	3歳未満	児童養護施設	小学校低学年							
B	2012	20代後半	女	3歳以上就学前	児童養護施設	中学卒業時							○
C	2012	20代後半	女	3歳以上就学前	児童養護施設	中学卒業時							
D	2012	20代前半	女	3歳以上就学前	児童養護施設	高校卒業時							○
E	2008	20代後半	男	3歳未満	児童養護施設	高校卒業時							
F	2008	20代後半	男	小学校低学年	児童養護施設	高校卒業時							○
G	2008	20代後半	女	小学校高学年	児童養護施設	高校卒業時							
H	2012	30代前半	女	3歳未満	乳児院	3歳未満		児童養護施設	中学卒業時				○
I	2012	20代後半	女	3歳未満	乳児院	3歳未満		児童養護施設	高校卒業時				○
J	2008	20代前半	女	3歳未満	乳児院	3歳未満（推定）		児童養護施設	高校卒業時				○
K	2008	20代前半	男	3歳未満	乳児院	3歳以上就学前		児童養護施設	高校卒業時				○
L	2012	20代後半	女	3歳未満	乳児院	小学校低学年		児童養護施設	高校卒業時				○
M	2008	20代後半	男	3歳未満	乳児院	3歳未満		児童養護施設	高校卒業時	20歳	自立援助ホーム		○
N	2008	20代後半	男	3歳未満	乳児院（推定）	小学校低学年		児童養護施設	高校卒業時	20歳	自立援助ホーム		○
O	2012	20代前半	女	小学校低学年	児童養護施設	小学校低学年		児童養護施設	小学高学年				
P	2008	20代後半	男	3歳未満	児童養護施設	小学校低学年		児童養護施設	高校卒業時				○
Q	2012	20代後半	男	小学校高学年	児童養護施設	小学校高学年		児童養護施設	中学前半				
R	2008	30代前半	男	3歳未満	児童養護施設	中学前半		児童養護施設	高校卒業時				
S	2008	20代後半	女	3歳未満	里親	小学低学年		母子生活支援施設	中学前半	中学後半	児童養護施設	高校卒業時	○
T	2012	20代前半	女	小学校低学年	母子生活支援施設	小学低学年		児童養護施設	小学高学年	中学後半	児童養護施設	高校後半	○
U	2008, 2012	20代前半・後半	女	小学校低学年	母子生活支援施設	小学低学年		児童養護施設	小学高学年	小学高学年	児童養護施設	高校卒業時	○

よる録音を行った。調査者は筆者のみで、プライバシーの確保できる事務所
や喫茶店等で調査を実施した。調査に要した時間は、協力者により1時間半
から4時間であった。

3）倫理的配慮

　本インタビュー調査では、重大なプライバシーに関する内容についても質
問が及ぶ可能性があるため、調査協力者の人権や安全を最優先するよう細心
の注意を払った。
　具体的には、インタビュー前に、①研究の目的、②データの匿名性の厳守、
③データの目的外使用をしないこと、④情報管理の方法等を書面にて調査協
力者に説明・誓約し、同意を得たうえで、同意書への署名を得た。また、イン
タビュー調査中においても、気分が悪くなった場合等は調査中止が可能であ
ること、調査後の情報開示についても可能であることを説明した。倫理審査
委員会が制定された2012年以降に実施したインタビュー調査は、東洋大学大
学院福祉社会デザイン研究科研究等倫理委員会の審査により承認されている。
　さらに、調査者の立場を明らかにするため、社会的養護の当事者活動に携
わっていることを説明した。調査協力者のうち、約4分の1は初対面であっ
たが、その他の協力者はすでに面識がある状況であった。また、調査協力者
の匿名性を守るため、方言や固有名詞について事例を損ねない形で加工を加
えている。

（2）分析の方法

1）分析方法の選定

　インタビューで得られたデータは、質的データ分析法（佐藤2008）をもとに

分析した。質的データ分析法の特徴は、演繹的アプローチと帰納的アプローチの併用にある。以下で示すようなコーディングの作業においても、先行研究やすでに明らかとなっている理論を通して演繹的な発想から得られた理論的枠組みと、質的データから帰納的に得られたコードおよび概念とを往復し、理論とデータを相互に呼応させるという特徴がある。本調査においては、ライフチャンスの概念の導入を検討することから、適した分析方法であると考えられる。

　また、この演繹的アプローチと帰納的アプローチの併用は、フィールドで得たデータや事例を構造的に分析する点においても非常に有効である。これは、佐藤（2008）が「質的研究においては、『現場の言葉』と『学問の言葉』（ないし『理論の言葉』）とのあいだを研究者自身の個人的な意味世界を介して橋渡ししていく作業がきわめて重要な役割を果たすことになる」（佐藤 2008: 96）と述べているのに象徴される。

　分析に際しては、いわゆる「薄い記述」の質的分析に陥らぬよう、データ・事例とコード・概念間を丁寧に往復し、現場に深く根付いた概念モデルへの到達を志向した。

2）分析の手順

　具体的な手順は以下の通りである。

①データの逐語記録

　IC レコーダーで録画した音声データから逐語記録化し、それをデータとして用いた。逐語記録には、発話順に発話 ID をつけた。たとえば、「A さんの 3 つ目の発話」は［A3］となる。

②データの抽出とセグメント化

　ライフチャンスを把握するために、先行研究の整理によって得た「リガチュア」と「オプション」の 2 つの状況を分析設問として設定した。そのう

表4-2 コーディングの例

発話ID	セグメント	セグメントの要約	オープン・コード	焦点的コード
A16-1	そうですね。もう実母は私の記憶にはないですね	記憶にない実母	親の不在	家族の背景
A16-2	その2歳、3歳くらいのときに、離婚して	幼少期に親が離婚	離婚・ひとり親家庭	家族の背景
……	……	……	……	……

えで、データから適切なものを抽出、セグメント化し、脱文脈化を図った。

　一つの発話を複数のセグメントにする場合は「発話ID-1」のように発話IDを分割した。たとえば、「Aさんの3つ目の発話」を2つに分割した場合には、［A3-1］［A3-2］となる。

③コーディング

　次にセグメントに対するコーディングを行った。その手順として、セグメント化したデータを要約したうえで帰納的なコーディング「オープン・コーディング」を行った。そのうえで、より抽象的・概念的なコーディング「焦点的コーディング」を行った。この「『オープン・コーディング→焦点的コーディング』という手順でおこなわれる帰納的なアプローチは、まだ先行研究が少ない問題領域で探索的に調査や研究をおこなう場合などには、きわめて有効な方法」（佐藤2008: 104）とされ、本調査の領域に適した方法である。このコーディングの様子の例を表4-2に示す。この作業は、一方向へ進めるだけでなく、各コード間の往復を繰り返しながら検討を重ね、すべてのセグメントに対してコーディングを行った。

④概念的カテゴリーの検討

　コードの検討と並行し、概念的カテゴリーの検討を行った。具体的には、先行研究や上述の量的調査の結果と照らして、得られた焦点的コードから概念的カテゴリーを生成した。この過程は、上述したように質的データ分析法のもつ演繹的アプローチの色合いが濃い作業であり、手順③の帰納的コー

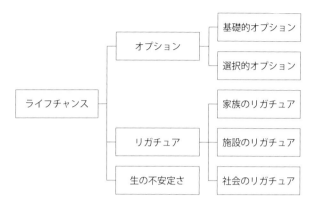

図4-1　得られた概念的カテゴリーの整理

表4-3　概念的カテゴリーを構成する焦点的コード

概念的カテゴリー		焦点的コード
オプション	基礎的オプション	ⅰ 衣食住
		ⅱ 安心・安全
		ⅲ 経済
		ⅳ 生活の移行
	選択的オプション	ⅰ 措置下の生活における機会
		ⅱ 義務教育の機会
		ⅲ 高等学校教育の機会
		ⅳ 学校外学習の機会
		ⅴ 大学等進路選択の機会
		ⅵ 大学等教育の機会
		ⅶ 保証人の確保

概念的カテゴリー	焦点的コード
生の不安定さ	ⅰ 生い立ちの不透明さ
	ⅱ 生い立ちへの直面
	ⅲ 生きづらさ
	ⅳ 肯定にむかう生

概念的カテゴリー		焦点的コード
リガチュア	家族のリガチュア	ⅰ 家族の背景
		ⅱ 家族との交流
		ⅲ 家族再統合
		ⅳ 家族の変動
		ⅴ 親への感情
		ⅵ 親の抱える問題
		ⅶ 親との決別
		ⅷ きょうだいの関係
	施設のリガチュア	ⅰ 生活の場の変化
		ⅱ 施設の養育者との関係
		ⅲ 子ども同士の関係
		ⅳ 施設と家庭の間の関係
		ⅴ 退所にむけたかかわり
		ⅵ 退所後のかかわり
	社会のリガチュア	ⅰ 友人関係
		ⅱ 学校教員との関係
		ⅲ 職場での人間関係
		ⅳ 新たな家族との関係
		ⅴ 地域とのつながり
		ⅵ 社会とのつながり

ディングと往復しながら進めることで、妥当性を高めた。

　この結果、オプションとして、衣食住等の安心・安全な生活に関する状況である「基礎的オプション」と教育機会、就職機会、社会的活動の機会等に関する「選択的オプション」の2つの概念的カテゴリーを得た。また、リガチュアとして、「家族のリガチュア」「施設のリガチュア」「社会のリガチュア」の3つの概念的カテゴリーを抽出した。

　さらに、本調査の対象においては、「生の不安定さ」がオプションとリガチュアの根底にあり、それぞれの重要な基盤となっていると考えられることから、概念的カテゴリーとして抽出した（図4-1）。また、各概念的カテゴリーを構成する焦点的コードは表4-3に示す通りであり、それぞれの特徴と関係性は後述する。

　以上の概念的カテゴリーの生成に際しては、社会的養護領域の研究者の助言を受け、妥当性についての検討を重ねた。

⑤概念モデルとストーリーの構築

　次に得られた概念的カテゴリー間の関係性について、継続的比較法を用いて検討を重ね、概念モデルの構築を試みた。この過程は、さまざまなタイプの比較を繰り返す中で、データやコードが表す概念的カテゴリー間の関係について入念な分析を行っていくものである（佐藤 2008: 112）。本調査では、調査協力者のタイプ分け、さらに事例-コード・マトリックス[1]による分析によって検討を深めた。

　最後に、分析の結果として得られた概念モデルをもとにストーリーの構築（再文脈化）を行った（第5章がこれにあたる）。

（3）ライフチャンスを構成する概念的カテゴリー

　上記の分析によって、得られた概念的カテゴリー「2つのオプション」と

「3 つのリガチュア」、および「生の不安定さ」について、それぞれの構成を確認する。各概念的カテゴリーの構成は表 4-4 〜 4-9 に示す。これらの表では、それぞれの構成に加えて、各オープン・コードがライフチャンスに与えた影響を「＋」「－」で示した。さらに、各オープン・コードが語られた時期区分を「入所前」「入所中」「再保護前」「退所後」に分け、該当する区分に記号を記入して表した。その記号は、影響がプラスであったと語られている場合には「○」、マイナスであった場合には「●」、混在する場合には「△」を使用した。

　なお、文中の記述において、オープン・コードは［角括弧］、焦点的コードを〈山括弧〉に括って表示する。また得られた語りは、「鉤括弧（発話 ID）」内に示し、その中で固有名詞を置き換えた場合には、〔亀甲括弧〕に括って示す。

1）オプションに関する 2 つの概念的カテゴリーの構成と特徴

　ライフチャンスの概念のうち、社会的な選択肢の状況を表すのがオプションである。インタビュー調査からは、オプションに関する 2 つの概念的カテゴリーが得られた。

①基礎的オプション

　1 つ目の概念的カテゴリーは、生命の維持や衣食住の保障、安心・安全な生活の維持にまつわるオプションであり、これを「基礎的オプション」とした。この基礎的オプションは、表 4-4 に示すように、4 つの焦点的コード〈衣食住〉〈安心・安全〉〈経済〉〈生活の移行〉によって構成されている。

　基礎的オプションを構成するコードと語られた時期区分とをみると、〈安心・安全〉〈経済〉に関するコードは、すべてライフチャンスを制限するものとして語られていることがわかる。これらに加えて〈衣食住〉のマイナスの影響を示したコードは、入所前の段階で語られているが、入所中には解消

表 4-4 「基礎的オプション」を構成するコード

焦点的コード	影響	オープン・コード（語りをもつID）	語られた時期区分			
			入所前	入所中	再保護前	退所後
i 衣食住	＋	暮らしの改善 （C, G, Q, T, U）		○		
	＋	衣食住のある安心 （C, D, F, O, Q）		○		
	＋	親族の支援 （B, D, L）				○
	−	不十分な食事 （A, D, E, G, I, M, O, P, Q, S, T, U）	●		●	
	−	不適切な環境 （A, D, E, O, T, U）	●		●	
	−	不安定な住居 （I, J, M, O, Q, U）	●		●	●
	−	家事の負担 （A, H, Q, T）	●		●	
ii 安心・安全	−	身体的虐待 （O, P, R, S, T, U）	●			
	−	心理的虐待 （B, S, T, U）	●			
	−	性的虐待 （E, O, U）	●		●	●
	−	職員の不適切な養育 （B, I, J, P, R, S, U）		●		
	−	万引き・窃盗 （E, M, P, U）	●		●	
	−	非行 （E,R,S）	●		●	
	−	逮捕・補導 （E,M,P）			●	●
iii 経済	−	ライフラインの停止 （Q,U）	●		●	
	−	経済的困窮 （D, G, I, M, N, O, P, R, T）	●			●
	−	借金 （B, J, N, T）	●			●
	−	生活保護 （G, I, J, O, U）	●		●	●
	−	子どもの就労 （H, Q, T）			●	●
iv 生活の移行	＋	措置 （A, B, I, M, N, O, P, Q, R, S, T, U）		○		○※
	＋	保護・措置の肯定 （D, O, P, Q, T, U）		○		
	＋	施設の暮らしが全て （A, H, L, M, N, T）		○		
	＋	家庭復帰の可能性のなさ （I）		○		
	＋	家庭復帰の肯定 （A, B, C, H, O, P）				○
	＋	措置解除による集団からの解放 （A, B, C, H, I）				○
	＋／−	保護 （E, G, O, Q, S, T, U）		△		
	−	保護・措置の否定 （J）		●		
	−	施設にいられる条件 （C, D, M）		●		
	−	意見の聴かれない家庭復帰 （B, P, T）		●		
	−	不十分な家庭復帰支援 （B, O, P, Q, S, U）		●		
	−	家庭復帰の否定 （O, P, Q, S, T）			●	●

※自立援助ホームへの入所

し、〈衣食住〉の安定を示すコードが現れている。社会的養護のもとへの措置が基礎的オプションを回復させる契機となっていることが読み取れる。

　しかし、家庭復帰後でも再保護を必要とする場合には、再び〈衣食住〉が不足し、〈安心・安全〉が脅かされ、［ライフラインの停止］が生じるような〈経済〉の困窮した状況に置かれることがわかる。さらには、退所後にも［不安定な住居］の問題や、［性的虐待］の被害、困窮した〈経済〉の問題が再度現れることが語られており、生命の維持や衣食住の保障、安心・安全な生活さえも再び危機的状況に陥る可能性がある。

　こうした基礎的オプションの保障なしには、後述する教育や就労の機会などの選択的オプションへむかうことは非常に難しいと考えられる。

②選択的オプション

　もう一つのオプションに関する概念的カテゴリーが、教育機会や学習機会、就職機会、社会的活動の機会等にまつわるオプション「選択的オプション」である。この概念的カテゴリーは以下の表4-5に示すように、8つの焦点的コード〈措置下の生活における機会〉〈義務教育の機会〉〈高等学校教育の機会〉〈学校外学習の機会〉〈大学等進路選択の機会〉〈大学等教育の機会〉〈転職の機会〉〈保証人の確保〉によって構成される。

　一般家庭の状況と比較すると、〈義務教育の機会〉の欠如がみられること、〈保証人の確保〉の問題を抱えていることなどが特有のものとしてあげられる。

2）リガチュアに関する3つの概念的カテゴリーの構成と特徴

　ライフチャンスの概念のうち、「社会的なつながり」を表すのがリガチュアである。分析の結果から、リガチュアには、①家族のリガチュア、②施設のリガチュア、③社会のリガチュアの3つの概念的カテゴリーが抽出された。以下に、それぞれの構成と特徴を確認する。

表4-5 「選択的オプション」を構成するコード

焦点的コード	影響	オープン・コード（語りをもつID）	語られた時期区分			
			入所前	入所中	再保護前	退所後
i 措置下の生活における機会	＋	恵まれた暮らし（C, F, G, K, M, R, S, T）		○		
	＋	施設ならではの経験（A, C, F, G, I, M, N, T）		○		
	－	自由のなさ（A, C, D, H, M, T）		●		
	－	厳しい日課（F, G, I, P, S）		●		
	－	環境の制限（B, D, G, H, K, M, N, S, T）		●		
	－	行動を制限する規則（C, D, E, G, H, J, N, S, T, U）		●		
	－	宗教・文化の強制（D, F, G）		●		
	－	生活スキルの欠如（B, D, I, S）				●
	－	集団生活による弊害（B, D, I, L）				●
ii 義務教育の機会	＋	通学の再開（E, G, Q, S, U）		○		
	＋	学習機会の回復（A, E, G, Q, T, U）		○		○
	＋／－	中学生活の状況（E, F, J, K, M, N, U）		△		
	＋／－	転校（A, E, G, O, P, Q, R, S, T, U）	●	○	●	
	－	学校への不適応（P, R, U）	●		●	
	－	登校できない家庭環境（Q, T, U）	●		●	
	－	通学文化のなさ（E, Q, U）	●			
	－	不登校（E, G, L, M, O, Q, S, U）	●	●	●	
	－	学習の停滞（G, P, S）	●	●	●	
iii 高等学校教育の機会	＋	高校進学の選択（E, J, K, M, N, R, S, U）		○		
	＋	自由な高校選択（B, E, F, H, K, M, N, O, P, S）		○		○
	＋／－	高校受験（I, L, T）		△		
	＋／－	高校生活の状況（D, E, H, J, K, L, M, N, Q, R, T, U）		△		●
	－	高校選択の制限（D, E, G, J, S, T）		●		
iv 学校外学習の機会	＋	課外活動の機会（B, D, E, F, M, N, R, U）		○		
	＋	通塾（E, F, K, L, U）		○		
	＋	海外渡航（I, S, U）		○		○
	＋／－	施設内学習（E, G, J, K, M, N, P, Q, S, T, U）		△		
	－	塾・習い事の断念（G, J, S）	●	●		
v 大学等進路選択の機会	＋	大学等進学の目的（B, D, F, J, K, L, O, P, S, T）		○		○
	＋	大学等進学のきっかけ（C, D, G, I, S）		○		○
	＋	大学等進学の支援・方策（A, B, C, D, F, G, I, J, K, L, O, P, Q, R, S, U）		○		○
	－	大学等進学のハードル（A, E, G, H, I, P, Q, S, T, U）		●		●
	－	高卒就労の選択（E, G, M, N, T, U）		●		
vi 大学等教育の機会	＋	大学等進学の評価（A, B, C, D, G, I, J, K, L, Q, S）				○
	＋	大学等継続の要因（C, D, G, I, J, K, P, Q, S）				○
	＋／－	大学等非進学の評価（E, G, N, T）				△
	－	大学生活継続の課題（D, I, J, K, Q, U）				●
vii 就職の機会	＋	就職先の積極的選択（A, E, G, N, O, R, T）		○		○
	＋	就労による成長（A, O）				○
	＋／－	アルバイト（C, D, E, L, M, N, S, T, U）		△		△
	－	就職先の消極的選択（E, G, K, M, N, P）				●
viii 保証人の確保	－	保証人に困る（G, P, Q, S）				●

①家族のリガチュア

　3つのリガチュアに関する概念的カテゴリーのうち、1つ目は、家族とのつながりを表す「家族のリガチュア」である。これは、表4-6に示す8つの焦点的コード〈家族の背景〉〈家族との交流〉〈家族再統合〉〈家族の変動〉〈親への感情〉〈親の抱える問題〉〈親との決別〉〈きょうだいの関係〉によって構成されている。

　一般的に、子ども期における家族のリガチュアは、保護的な機能を多くもち、強いつながりとなって子どもの生活を支えるものであるが、社会的養護を必要とする家族の場合には、家族のリガチュアが「欠如」していたり、「足枷」となるようなものであることも少なくない。〈家族の背景〉や〈親の抱える問題〉については、入所中にも退所後にも語られており、家族のつながりが継続する問題であることがわかる。

　一方で、たとえケアの過程によって限界の状況に達している場合であっても、血縁家族は重要な拠り所であり続ける。さらに、家族について必ずしも記憶になく、覚知していない場合であっても、内面化された親が強い心理的影響力をもつことは、長らく知られてきたことでもある。こうした葛藤の状況が「家族のリガチュア」のコードにみられる。

②施設のリガチュア

　リガチュアに関する概念的カテゴリーの2つ目は、「施設のリガチュア」である。これは、表4-7に示す6つの焦点的コード〈生活の場の変化〉〈施設の養育者との関係〉〈子ども同士の関係〉〈施設と家庭の間の関係〉〈退所にむけたかかわり〉〈退所後のかかわり〉によって構成されている。

　社会的養護におけるリガチュアは、そもそも欠如していたり、脆弱であった家族のリガチュアを一定程度補うことが期待される。同時に、きょうだいではない子ども同士の関係性が生じることにも大きな特徴がある。施設の養育者との関係だけでなく、この子ども同士の関係性の状況も、基本的な生活の安心や安全を左右するリガチュアになると考えられる。

表4-6 「家族のリガチュア」を構成するコード

焦点的コード	影響	オープン・コード（語りをもつID）	入所前	入所中	再保護前	退所後
i 家族の背景	−	親の不在（A, C, D, E, I, J, K, M, N, P, Q, R, T, U）	●			
	−	離婚・ひとり親家庭（A, B, D, E, H, M, N, O, P, R）	●			
	−	家族像の欠如（B, F, M, O, P）	●	●		●
ii 家族との交流	＋	頻回な交流（A, C, H, I, L, O, S）		○		
	＋／−	親族との交流（A, D, H, I, L）		△		
	＋／−	家族との再会（B, I, N, R）	●	△		●
	−	少ない交流（B, E, F, K, O）		●		
	−	途絶えた交流（B, F, L, P, Q, R）		●		
	−	親との交流を拒否（B, F, G, H, P）		●		
iii 家族再統合	＋	関係の再構築（B, C, F, H, L）				○
	＋／−	親の引き取り希望（A, B, H, Q）		△		
	−	再婚相手との衝突（A, R）	●			●
	−	関係修復の葛藤（A, B, D, F, I, L, N, R, S）		●		●
	−	親の変化（T）			●	
iv 家族の変動	＋／−	虐待者の加除（O, T）		○		△
	−	親の再婚・内縁関係（A, O, R, S）	●			●
	−	家族の死（I, L, S）		●		●
v 親への感情	＋	親への感謝（A, B, C, F, T）		○		○
	＋	施設内での親の評価（A, C, F, H, I）		○		
	＋	親を赦す（A, B, D, O）		○		
	−	親の行いに対する葛藤（B, C, F, G, H, L, O, P, S, T）	●	●	●	●
	−	「親」を思慕（A, C, E, J, M, O, R）	●	●		●
	−	「家族」に対するあこがれ（F, J, M, T）		●		●
	−	「親」と思えない（A, B, I, N）		●		●
	−	親のようなおとなにならない（B, D, E, F）				●
vi 親の抱える問題	−	他文化の家族（B, F）	●			
	−	養育困難（A, H, I, J, K, O, R, S, T, U）	●		●	
	−	親の就労問題（E, G, O, Q, T）	●		●	
	−	親の精神的な問題（B, F, H, O, S）	●		●	●
	−	親の障害（G, I, L, S）	●	●	●	
	−	親の経済的問題（C, G, L）		●		●
	−	親の問題行動（B, I, U）		●		●
	−	親を支える役目（S, U）		●		●
	−	家族の健康問題（C, L）				●
vii 親との決別	＋／−	親との決別（A, C, D, I, M, N, P, Q, R, T）		△		△
	−	親に対するあきらめ（B, F, N）		●		●
	−	切れない血縁（C, I, Q）				●
viii きょうだいの関係	＋	きょうだいとの出会い（A, J, L, O）		○		
	＋	きょうだいとのつながり（L, N）		○		○
	＋／−	きょうだいの入退所（I, O, T）		△		●
	−	支援の必要なきょうだい（B, G, I, L, O）	●	●		●
	−	きょうだいとの軋轢（A, G, P）	●		●	●
	−	きょうだいの分断（B, I, N, O, Q, T）		●	●	●

表4-7　「施設のリガチュア」を構成するコード

焦点的コード	影響	オープン・コード（語りをもつID）	語られた時期区分			
			入所前	入所中	再保護前	退所後
i 生活の場の変化	−	生活場の変更　(G, L, N, P)		●		
	−	養育者の変更　(G, L)		●		
ii 施設の養育者との関係	+	むき合ってくれた養育　(A, D, F, H, R, T)		○		
	+	個別に対応する養育　(B, E, D, H, I, K, Q, R, T, U)		○		
	+	継続した関係性　(A, H, I, K, Q)		○		
	+	よいおとなのモデルの提供 (C, D, F, K, O, P, Q, T)		○		○
	+	権利を擁護した養育　(I)		○		
	−	身近な養育の希望　(H, J, N, P, S, T, U)		●		
	−	個別的な養育の希望　(C, D, O, S, T)		●		
	−	頼れない関係性　(B, F, L, Q, S)		●		
	−	養育者との関係性の悪化　(N, P, Q, S)		●		
	−	養育者への反抗　(B, F, N, P, T, U)		●		
	−	コミュニケーションの不足　(B, D, E)		●		●
	−	大学進学に関する対立　(G, I, J, Q)		●		●
iii 子ども同士の関係	+	子どもの豊かな世界　(B, H, P, R)		○		○
	+／−	施設の中での役割　(D, F, G, I, L, O, Q, S)		△		
	−	「施設は戦場」 (A, B, C, D, E, F, H, I, J, K, M, O, P, Q, R, S, T)		●		
	−	集団で生きる処世術　(D, H, I)		●		
iv 施設と家庭の間の関係	+／−	家を求める　(A, E, O, S, T)		△		
	+／−	施設（里親）を求める　(A, B, O, Q, S)		△	●	●
v 退所にむけたかかわり	+	リービングケアの実施　(B, C, D, H, I, L)		○		
	−	不十分なリービングケア　(B, T)		●		
vi 退所後のかかわり	+	郵送物　(A, C, H, L)		○※		○
	+	訪問の受入　(A, B, C, E)				○
	+	イベントの開催　(C, H, L, T)				○
	+	ライフイベントのお祝い　(C, H, O, S)				○
	+	相談支援　(A, M, N, O)				○
	+	施設が拠り所　(A, C, O, Q)				○
	+	見守り　(C, D, O, K)				○
	+	住居の提供　(A, M, O)				○
	+	資源の紹介　(M, N)				○
	+	生活の支援　(A)				○
	+	緊急時の支援　(O)				○
	+	外部のアフターケア　(L)				○
	+	個人的なアフターケア　(B, C, D, F, L, Q, R, T)			○	○
	−	疎遠になる施設　(B, H, J, L, Q, S, T)			●	●
	−	ケア対象の限定　(A, B, Q, T)				●
	−	ケア内容の限界　(A, L)				●

※乳児院によるアフターケア

③社会のリガチュア

　3つ目のリガチュアに関する概念的カテゴリーは、「社会のリガチュア」である。これは、表4-8に示す6つの焦点的コード〈友人関係〉〈学校教員との関係〉〈職場での人間関係〉〈新たな家族との関係〉〈地域とのつながり〉〈社会とのつながり〉によって構成されている。社会のリガチュアでは、〈友人関係〉について最も多くの協力者から語られている。［友人とのつながり］が大きな社会との接点となっている一方で、［友人関係を遮る規則］などによって「施設以外の子と関係がつくれない」といった［友人づくりの困難］が示された。

　また、〈社会とのつながり〉では、自身の施設での暮らしの経験や境遇に対する社会の反応についてのコードが収束している。たとえば、友人や社会に対して施設で暮らした経験や境遇をどのように伝え［境遇の開示］をするか、どのように秘匿し、［境遇を隠す］かということが、大きな課題であった様子がうかがえる。また、［偏見］［境遇の詮索］などの経験が語られており、依然として社会的養護のもとで育つ子どもたちや育った若者に対する社会の厳しい視線があることが浮かび上がる。

3）概念的カテゴリー「生の不安定さ」の構成と特徴

　最後に、「生の不安定さ」にまつわる概念的カテゴリーが抽出された。これをアイデンティティの一部であると捉えると、ダーレンドルフによる定義ではリガチュアに含まれていると考えられる。しかし、本調査の対象においては、このアイデンティティの根底をなすものが「生：生まれ／生きること」の不安定さを生んでいることが明らかとなり、オプション・リガチュアの前提となっていると関係づけられた。

　そのため、「生の不安定さ」と名づけたコードの一群を独立した概念的カテゴリーとして設定し、「アイデンティティの根幹にある『生まれ』と『生きる』ことのゆらぎ」と定義した（この詳細は、第5章で述べる）。

表4-8　「社会のリガチュア」を構成するコード

焦点的 コード	影響	オープン・コード（語りをもつID）	語られた時期区分			
			入所前	入所中	再保護前	退所後
ⅰ 友人関係	＋	友人とのつながり（A, D, E, F, G, I, K, N, O, R）		○		○
	－	友人づくりの困難（A, G, H, J, K）		●		
	－	友人関係を遮る規則（C, D, E, G, H, J, M, N, T）		●		
ⅱ 学校教員との関係	＋	教員の支援（A, E, F, H, L, O）		○		○
	－	教員の対応の課題（G, J, K, P, S, T）		●	●	
ⅲ 職場での人間関係	＋	職場でのつながり（D, K, N, T, U）		○※		○
	－	職場での葛藤（B, J, M, N）				●
ⅳ 新たな家族との関係	＋	新しい家族（C, E, Q）				○
	＋	家族の目標（C, H）				○
	＋	未来の家族の目標（A, D, K, N）				○
	＋／－	新しい成員への説明（C, H, J, S）				△
	－	子育ての悩み（C, H, J）				●
	－	親役割の希求（C, J）				●
	－	家族を築く不安（J, L, O, S）				●
ⅴ 地域とのつながり	＋	周囲の助け（A, I, L, N, O, Q）	○	○		
	＋	通告（D, G, Q, S）		○	○	
	＋	地域とのつながり（K, U）		○		
	＋	社会参加（G, I, O）				○
	－	孤立（G, O, P, U）	●		●	●
	－	助けを求められない環境（O, Q, U）			●	●
	－	施設の孤立（C, D, G, I）		●		
	－	児童相談所の関わりのなさ（D, H, I, S, T, U）		●		
	－	頼れる場所が必要だった（H, S, T）				●
ⅵ 社会とのつながり	＋	境遇の開示（B, D, I, L, M, N, S）		○		○
	＋	境遇の理解（B, L, O, P）		○		○
	－	陰口・いじめ（G, J, U）	●	●		●
	－	勝手な流布（G, I, L）		●		
	－	境遇を隠す（B, H, I, J, K, P, Q, S）		●		
	－	秘匿の理由（C, D, F, G, H, I, K, M, O, S）		●		
	－	差別（G, L, N）		●		●
	－	偏見（A, L, P, Q, S, U）		●		●
	－	境遇の詮索（G, K, N）				●

※バイト先のつながり

この「生の不安定さ」の概念的カテゴリーは、表4-9に示すように〈生い立ちの不透明さ〉〈生い立ちへの直面〉〈生きづらさ〉〈肯定にむかう生〉という4つの焦点的コードによって構成されている。

　〈生い立ちの不透明さ〉や〈生い立ちへの直面〉によって生じる葛藤は、入所中から退所後にわたって継続しており、人生において自身のアイデンティティの根幹をゆるがし、時として「生きること」さえ奪いかねない〈生きづらさ〉を生じさせる。本調査の協力者は、こうした〈生きづらさ〉に対して、［生い立ちの整理］を行ったり、人との出会いの中で［自責からの解放］［境遇からの解放］を感じることで［境遇をばねに］して、自身の「生」を肯定化しようとする。

　こうした「生の不安定さ」の状況と「肯定にむかう生」の過程については、第5章で詳述する。

（4）調査協力者のタイプ分け

　次に、得られた概念的カテゴリーを用いて、調査協力者21名のライフチャンスを分析するための枠組みを設定する。そのために、調査協力者のタイプ分けを以下のように検討した。

1）分類軸の設定

　ライフチャンスに大きな変動が生じると考えられるのは、「生活の場」が変化する時点である。社会的養護のもとへの措置という状況を考えると、入所前の環境から社会的養護への措置の時点、および施設（里親家庭）から次の環境へ退所する時点の変動が大きな意味をもつと考えられる。さらに、家庭復帰後の再入所も生活の場が大きく変動する時点であると考えられることから、①入所前の環境（家庭、乳児院）、②再入所の有無（再入所あり、再入所

表 4-9　「生の不安定さ」を構成するコード

焦点的コード	影響	オープン・コード（語りをもつ ID）	語られた時期区分			
			入所前	入所中	再保護前	退所後
i 生い立ちの不透明さ	－	入所理由がわからない （A, B, C, G, I, K, N, O, R, S）		●		
	－	入所理由を聞けない　（D, J, N）		●		
	－	生い立ちを聞けない　（I, K, N）		●		
	－	入所理由の誤解　（E, J, O, S, U）		●		
ii 生い立ちへの直面	－／＋	生い立ちへの直面（A, B, C, F, G, I, K, L, S, T, U）		△		△
	－	生い立ちに直面する葛藤　（D, K, L）		●		●
	－	生い立ちの探求　（A, J, K, R）				●
iii 生きづらさ	－	記憶の欠如　（B, O, U）	●	●	●	
	－	あきらめ・主体性の欠如 （B, D, F, I, K, M, N, T, U）		●	●	●
	－	周囲との違いの感覚　（C, D, E, F, I, J, O, U）		●		●
	－	継続する精神的葛藤　（B, D, F, G, H, J, L）		●		●
	－	孤独　（A, D, I, J, L, U）		●		●
	－	心身症状　（B, D, J）		●		●
	－	フラッシュバック　（J, O, P）		●		●
	－	不遇感　（A, D, I, K, P）				●
iv 肯定にむかう生	＋	生い立ちの整理　（C, L）		○		○
	＋	境遇をばねに　（D, F, S, U）		○		○
	＋	自責からの解放　（C, I, S）				○
	＋	境遇からの解放　（B, D, O, Q, S）				○
	＋	施設生活の捉え直し　（A, O, Q, R, S）				○
	＋	当事者同士のつながり　（B, I, L, N, T）		○		○
	＋	当事者としての活動　（B, D, G, I, R, T, U）				○
	＋	当事者活動を通じた整理　（B, E, G, L, P）				○

表4-10　パターン分類の軸

①入所前の環境	家庭からの入所		乳児院からの入所
②再入所の有無	再入所なし		再入所あり
③退所先の環境	家庭・親類宅への退所（家庭復帰）		社会への退所（自立退所）

表4-11　調査協力者の入退所のパターン

		退所先の環境			
		家庭・親類宅		社会	
		再入所なし	再入所あり	再入所なし	再入所あり
入所前	家庭	① A, B, C, D	② O, T	③ E, F, G, R	④ P, Q, S, U
	乳児院	⑤ H, L		⑥ J, K, M, N	

なし）、③退所先の環境（家庭、乳児院）、という3つの軸を設定し、生活の場の動きのパターンを検討した。それぞれに、上の表4-10のような場合が想定される。

2）調査協力者の入退所のパターン

　これらの掛け合わせにより、理論的には8パターンの入退所の動きを設定することができる。実際にこの枠組みに沿って調査協力者21名（A〜U）を分類すると、上の表4-11のように6つのパターンに該当した。

3）調査協力者の4つのタイプ

　このパターンごとに、ライフチャンスを検討したところ、いくつかのパターンの特徴が類似したため、これを収束させ4つのタイプに分類した（図4-2）。この類似性の検討については、後述する共時的分析によって確認した（表4-12〜4-14）。

　これによって、以下のタイプ分けを行った。

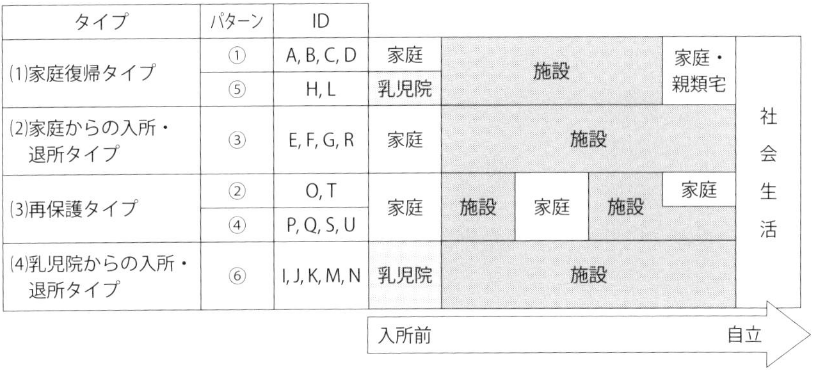

タイプ	パターン	ID					社会生活
(1)家庭復帰タイプ	①	A, B, C, D	家庭	施設		家庭・親類宅	
	⑤	H, L	乳児院	施設		家庭・親類宅	
(2)家庭からの入所・退所タイプ	③	E, F, G, R	家庭	施設			
(3)再保護タイプ	②	O, T	家庭	施設	家庭	施設	家庭
	④	P, Q, S, U					
(4)乳児院からの入所・退所タイプ	⑥	I, J, K, M, N	乳児院	施設			

入所前　　　　　　　　　　　　　　　自立

図4-2　調査協力者の4つのタイプ

(1)家庭復帰タイプ：家庭または乳児院から施設に入所し、家庭へ退所（家庭復帰）したタイプ

(2)家庭からの入所・退所タイプ：家庭から施設へ入所し、18歳まで施設で生活した後、「自立退所」したタイプ

(3)再保護タイプ：家庭から施設へ入所し、家庭復帰した後、再保護・入所。その後、施設から家庭復帰または18歳で「自立退所」をしたタイプ

(4)乳児院からの入所・退所タイプ：乳児院から施設へ措置変更、18歳まで施設で生活した後、「自立退所」したタイプ

（5）共時的分析：事例-コード・マトリックスによる分析

　同時に、得られた概念的カテゴリーおよび焦点的コードを用いて、事例-コード・マトリックスを作成し、タイプ分けの妥当性とそれぞれの特徴を把握した。

　事例-コード・マトリックスは、事例を横糸、コード（概念的カテゴリー）を縦糸とするものである（佐藤2008: 63）。今回は、それぞれの事例を「入所

前」「入所中」「退所後」の時間軸で区切り、3つの事例–コード・マトリックスを作成し、共時的な分析を行った（表4-12～4-14）。なお、再保護を経験した「(3)再保護タイプ」については、再保護前に家庭で生活していた時期も「入所前」に整理し、上下二段で示している。

　また、縦軸（縦糸）には、得られた概念的カテゴリーを用いた。こうしてできた枠組みの中に、語られた内容に該当する焦点的コードとそれがライフチャンスに与えた影響について「＋」「－」で示している。

　以上の結果から、各タイプによって共通点がみられ、タイプ分けの妥当性も担保されると判断される。

1）入所前のライフチャンスを表すコードとタイプの特徴

　入所前のライフチャンスを、事例–コード・マトリックスに示したのが表4-12である。タイプごとに入所前のライフチャンスを検討すると以下の通りであった。

　家庭復帰タイプの基礎的オプションでは、一部に〈衣食住〉の欠如、〈経済〉の困窮、〈安心・安全〉の欠如がみられたものの、その他の焦点的コードについては語られていない。家族のリガチュアでは、離婚・ひとり親家庭といった〈家族の背景〉について5名から語られている。

　家庭からの入所・退所タイプの基礎的オプションでは、半数から〈衣食住〉および〈安心・安全〉の欠如、〈経済〉の困窮がみられた。また、選択的オプションでは、4名中3名が〈義務教育の機会〉の欠如について語っている。家族のリガチュアでは、全員が〈親の抱える問題〉について言及しており、家庭生活の中で受けた影響がうかがえる。

　再保護タイプの基礎的オプションでは、全員に〈衣食住〉の欠如がみられる。6名中5名が〈安心・安全〉の欠如、〈経済〉の困窮があった。また、選択的オプションでも全員が〈義務教育の機会〉が欠如した経験をもっており、4つのタイプの中で最も高い割合でオプションの制限がみられる。特

に、再保護に至る前の家庭生活では、全員が〈衣食住〉の欠如と〈義務教育の機会〉の欠如を経験しており、家庭復帰後に再保護されるまでの期間にも大きくオプションが制限されている。家族のリガチュアでは、6名中5名から〈親の抱える問題〉が語られている。また再保護に至る過程において、〈施設と家庭の間の関係〉を経験している。

　乳児院からの入所・退所タイプは、乳児院で生活しているため、入所前の家庭での生活については記憶にない場合が多く、オプションの状況についてはほとんど言及されていない。家族のリガチュアについては、家族について全員から語られたが、聞かされている家族の背景や親が抱えていた問題についての言及にとどまっている。

2）入所中のライフチャンスを表すコードとタイプの特徴

　入所中のライフチャンスを、事例-コード・マトリックスに示したのが表4-13である。入所前と比較して、入所中には学齢期に入ることが多いため、選択的オプションについての語りも増える。また、入所中の生活において、施設のリガチュアが語られるのは当然ながら、社会のリガチュア、「生の不安定さ」についても入所前より多く語られている。

　家庭復帰タイプでは、オプションについて、高校卒業時まで施設に在籍し親族宅へ退所した2名（Dさん、Lさん）を除いて、選択的オプションについてはあまり語られていない。一方、リガチュアでは、特に家族のリガチュアについて、プラス・マイナス両面の影響が多く語られている。家族との交流が入所中にも継続していることの多いこのタイプでは家族のリガチュアが存在し、かつその影響が大きいことがうかがえる。また、施設のリガチュアでは、退所にむけたかかわりについて、6名中5名が語っており、家庭復帰にむけた何らかの取り組みが行われていた様子がうかがえる。

　家庭からの入所・退所タイプは、高校卒業まで施設で生活しているため、入所中に進路選択等にまつわる選択的オプションについての語りが多い。一

表4−12　タイプごとにみる入所前のライフチャンス

タイプ	ID	オプション		リガチュア			生の不安定さ
		基礎的オプション	選択的オプション	家族	施設	社会	
(1) 家庭復帰タイプ	A	(−) 衣食住	(なし)	(−) 家族の背景 (−) 親の抱える問題 (+) 親への感情		(なし)	(なし)
	B	(−) 経済 (−) 安心・安全	(なし)	(−) 家族の背景 (−) 親の抱える問題 (−) 親への感情		(なし)	(−) 生きづらさ
	C	(なし)	(なし)	(−) 家族の背景		(なし)	(なし)
	D	(−) 衣食住	(なし)	(−) 家族の背景		(なし)	(なし)
	H	(なし)	(なし)	(−) 家族の背景 (−) 親の抱える問題		(なし)	(なし)
	L	(なし)	(なし)	(−) 親の抱える問題		(なし)	(なし)
(2) 家庭から入所・自立退所タイプ	E	(−) 衣食住 (−) 安心・安全	(−) 義務教育の機会	(−) 家族の背景 (−) 親の抱える問題 (−) 親への感情		(なし)	(なし)
	F	(なし)	(なし)	(−) 親の抱える問題		(なし)	(なし)
	G	(−) 経済 (−) 衣食住	(−) 義務教育の機会	(−) 親の抱える問題 (−) きょうだいとの関係		(−) 地域とのつながり (−) 社会とのつながり	(なし)
	R	(−) 経済 (−) 安心・安全	(−) 義務教育の機会	(−) 親の抱える問題 (−) 家族の変動 (−) 家族との交流		(+) 地域とのつながり	(−) 生きづらさ
	O	(−+) 生活の移行 (−) 安心・安全 (−) 衣食住	(−) 義務教育の機会	(−) 家族の変動	(−) 施設と家庭の間での ゆらぎ	(なし)	(なし)

116

(3)再保護タイプ	T	(−)安心・安全	(なし)	(−)家族の背景		(なし)	(なし)
	P	(−)経済 (−)安心・安全 (−)衣食住 (−)生活の移行	(−)義務教育の機会	(−)家族再統合 (−)親の抱える問題 (−)きょうだいとの関係	(−)退所後のかかわり	(なし)	(−)生きづらさ
	Q	(−)経済 (−)衣食住 (−)生活の移行	(−)義務教育の機会	(−)家族の背景	(なし)	(なし)	(なし)
	S	(−)生活の移行 (−)安心・安全 (−)衣食住	(−)義務教育の機会	(−)親への感情 (−)きょうだいとの関係	(なし)	(−)学校教員との関係 (−)地域とのつながり	(なし)
	U	(−)衣食住 (−)経済 (−)安心・安全	(−)義務教育の機会	(−)家族の背景 (−)親の抱える問題	(−)施設と家庭の間でのゆらぎ (+)退所後のかかわり	(−+)地域とのつながり	(なし)
(4)乳児院から入所・自退所タイプ	I	(−)経済	(なし)	(−)親の抱える問題 (−)家族の背景	(なし)	(−)地域とのつながり	(−)生きづらさ
	J	(なし)	(なし)	(−)親の抱える問題 (−)家族の変動 (−)親への感情		(なし)	(なし)
	K	(なし)	(なし)	(−)親の抱える問題 (−)家族の背景		(なし)	(なし)
	M	(なし)	(なし)	(−)家族の背景		(なし)	(なし)
	N	(なし)	(なし)	(−)親の抱える問題 (−)家族の背景		(なし)	(なし)

117

表4-13　タイプごとにみる入所中のライフチャンス

タイプ	ID	基礎的オプション	選択的オプション	家族	施設	社会	生の不安定さ
(1)家庭復帰タイプ	A	(+) 生活の移行	(−+) 措置下の生活における機会	(+) 親への感情 (−) 親との決別	(−) 子ども同士の関係 (+) 施設の養育者との関係 (+) 施設と家庭の間の関係	(−) 友人関係	(−) 生い立ちの不透明さ
	B	(+) 生活の移行 (+) 安心・安全の移行 (−) 生活の移行	(−) 措置下の生活における機会	(−) 親との決別 (−) 家族との交流の背景 (−) きょうだいの関係 (−) 親への感情 (−) 家族再統合	(+−) 施設の養育者との関係 (+) 子ども同士の関係 (−+) 退所にむけたかかわり	(なし)	(−) 生い立ちの不透明さ (−) 生きづらさ (+) 生い立ちへの直面
	C	(+) 衣食住 (−) 生活の移行	(+−) 措置下での生活における機会	(+) 家族との交流 (+) 親への感情	(−) 子ども同士の関係 (−) 施設の養育者との関係 (−) 退所にむけたかかわり	(−) 地域とのつながり (−) 社会とのつながり (−) 友人関係	(−) 生い立ちの不透明さ (−) 生きづらさ (+) 肯定になかった生
	D	(+) 衣食住 (−) 生活の移行	(−) 措置下での生活における機会 (−+) 学校外学習教育の機会 (+) 高等学校教育の機会 (+) 就職の機会 (+) 大学等進路選択の機会	(+) 家族との交流 (+) 家族再統合 (−) 家族との交流	(+−) 施設の養育者との関係 (−) 子ども同士の関係 (−) 退所にむけたかかわり	(+−) 地域とのつながり (−) 社会とのつながり	(−) 生い立ちの不透明さ (−) 生きづらさ
	H	(+) 生活の移行	(+) 措置下の生活における機会	(−) 家族との交流 (+−) 家族との交流	(−+) 施設の養育者との関係 (+−) 施設の養育者との関係 (−) 退所にむけたかかわり	(−) 友人関係 (−) 地域とのつながり (+) 学校教員との関係	(−) 生きづらさ
	L	(+) 生活の移行	(+) 学校外学習の機会 (+) 義務教育の機会 (+) 高等学校教育の機会 (+) 就職の機会 (+) 大学等進路選択の機会	(+) 家族との交流 (+) 親への感情 (−) 親との決別 (−) 家族再統合 (−) 親への感情	(−) 生活の場の変化 (−) 退所後の関係 (+) 子ども同士の関係 (+) 施設の養育者との関係 ※ (+) 退所にむけたかかわり	(+) 友人関係 (−+) 社会とのつながり	(+−) 生い立ちへの直面 (−) 生きづらさ
(2)家庭から入所・自立退所タイプ	E	(+) 安心・安全の移行 (−) 生活の移行	(+) 措置下での生活における機会 (+) 義務教育の機会 (+) 学校外学習の機会	(−) 家族との交流	(−) 施設と家庭の間の関係 (+) 子ども同士の関係 (+) 施設の養育者との関係	(−) 友人関係 (+) 学校教員との関係	(−) 生きづらさ (−) 生きづらさ
	F	(+) 生活の移行	(+−) 措置下での生活における機会 (+) 高等学校教育の機会 (+) 学校外学習の機会 (+) 大学等進路選択の機会	(+) 親への感情 (−) 家族との交流の背景 (−) 家族との交流 (−) 親との決別	(+) 生活の場の変化 (−) 退所後の関係 (+−) 施設と家庭の間の関係 (+−) 施設の養育者との関係	(+) 学校教員との関係	(−) 生きづらさ (+) 肯定になかった生
	G	(+) 生活の移行 (+) 衣食住	(+−) 措置下での生活における機会 (+−) 学校外学習選択の機会 (−) 大学等進路選択の機会 (+) 就職の機会	(−) 家族との交流 (−) 親への感情	(−) 子ども同士の関係 (−) 施設の養育者との関係 (−) 施設の養育者との関係	(+−) 地域とのつながり (−) 友人関係 (−) 社会とのつながり (+) 学校教員との関係	(−) 生い立ちの不透明さ
	R	(−) 生活の移行 (−) 安心・安全	(−) 義務教育の機会 (−) 高等学校教育の機会 (+−) 学校外学習の機会 (−) 措置下の生活における機会	(−) 親との決別 (−) 親への感情 (−) 家族再統合	(+) 子ども同士の関係 (−) 施設の養育者との関係 (+) 施設と家庭の間の関係	(+) 友人関係	(−) 生い立ちの不透明さ (−) 生きづらさ
	O	(−+) 生活の移行 (+) 衣食住	(+) 義務教育の機会	(−) 親への感情 (+−) 家族との交流	(−) 施設と家庭の間の関係 (+) 子ども同士の関係	(なし)	(−) 生い立ちの不透明さ (−) 生きづらさ

タイプ	記号	安心・安全／生活	教育の機会	親・きょうだい	施設との関係	社会とのつながり	生い立ち
（3）再保護タイプ	T	（−）生活住 （+）衣食住 （−）経済	（+）義務教育の機会 （−）学校外学習教育の機会 （−）高等学校教育の機会 （−）就職の機会 （−）措置下の生活における機会 （−）大学等進路選択の機会	（−）親との決別 （−）きょうだいとの関係 （−）親への感情 （+）家族の変動	（−）施設と家庭の間の関係 （+−）施設の養育者との関係 （−）子ども同士の関係 （−）退所にむけたかかわり	（−）地域とのつながり （−）学校教員とのつながり （+）職場での人間関係	（+）肯定にむかう生
	P	（−）安心・安全 （−）生活の移行 （−）経済	（+）高等学校教育の機会 （−）学校外学習教育の機会 （−）大学等進路選択の機会	（−）親との決別	（−）生活の場の変化 （−）施設の養育者との関係 （−）施設の養育者との関係	（−）社会とのつながり	（なし）
	Q	（−）生活の移行 （+）衣食住	（+）義務教育の機会 （−）学校外学習教育の機会 （−）高等学校教育の機会 （−）大学等進路選択の機会	（−）親との決別 （−）家族再統合 （−）きょうだいとの関係	（+−）施設の養育者との関係 （−）子ども同士の関係	（なし）	（なし）
	S	（+−）生活の移行 （−）衣食住 （−）安心・安全	（+−）学校外学習の機会 （−）措置下の生活における機会 （−）高等学校教育の機会 （−）就職の機会 （−）大学等進路選択の機会	（なし）	（−）施設の養育者との関係 （−）施設と家庭の間の関係 （+−）子ども同士の間の関係	（−）地域とのつながり （+）社会とのつながり	（−）生い立ちへの直面 （−）生い立ちの不透明さ
	U	（+−）生活の移行 （−）衣食住 （−）安心・安全	（−）措置下の生活における機会 （−）学校外学習教育の機会 （−）高等学校教育の機会 （+）就職の機会 （+）大学等進路選択の機会	（−）親の抱える問題	（−）施設の養育者との関係	（+−）地域とのつながり （−）社会とのつながり （+）職場での人間関係	（−）生きづらさ （−）生い立ちの不透明さ
（4）乳児院から入所・自立退所タイプ	I	（−）安心・安全	（−）学校外学習教育の機会 （−）義務教育の機会 （−）措置下の生活における機会 （−）大学等進路選択の機会	（+−）きょうだいとの関係 （+）家族との交流 （−）親の抱える問題 （−）家族の変動 （+）親への感情	（+−）子ども同士の関係 （+）施設の養育者との関係 （+）施設の養育者との関係	（−）社会とのつながり （+）地域とのつながり	（−）生きづらさ （−）生い立ちの不透明さ
	J	（−）安心・安全	（−）学校外学習の機会 （−）高等学校教育の機会 （+）大学等進路選択の機会	（+）きょうだいとの交流 （−）親との決別	（−）子ども同士の関係 （+）施設の養育者との関係 （+）施設の養育者との関係	（−）友人関係 （−）学校教員とのつながり （−）社会とのつながり	（−）生きづらさ （−）生きづらさ
	K	（なし）	（−）高等学校教育の機会 （−）学校外学習教育の機会 （+）就職の機会 （+）大学等進路選択の機会	（−）家族との交流 （−）親との決別	（+）施設の養育者との関係 （−）子ども同士の関係	（+）友人関係 （−）学校教員との関係 （−）社会とのつながり	（−）生い立ちの不透明さ （−）生い立ちへの直面
	M	（−）生活の移行	（+）義務教育の機会 （−）高等学校教育の機会 （−）大学等進路選択の機会	（−）親との決別 （−）親への感情	（−）子ども同士の関係	（+）社会とのつながり （+）友人関係	（−）生きづらさ
	N	（−）生活の移行	（+）措置下の生活における機会 （−）義務教育の機会 （−）高等学校教育の機会 （−）就職の機会 （−）大学等進路選択の機会	（−）きょうだいとの関係 （−）親の決別 （+）親への感情	（−）生活の場の変化 （−）施設の養育者との関係	（+）社会とのつながり （+）友人関係 （+）地域とのつながり	（−）生い立ちの不透明さ

※乳児院によるアフターケア

表 4-14 タイプごとにみる退所後のライフチャンス

タイプ	ID	オプション		リガチュア			生の不安定さ
		基礎的オプション	選択的オプション	家族	施設	社会	
(1)家庭復帰タイプ	A	(+)生活の移行 (-)衣食住	(+)義務教育の機会 (-)大学等進路選択の機会 (+)大学等教育の機会 (+)就職の機会	(+-)親への感情 (-)家族の変動 (-)きょうだいとの決別 (+)親との決別	(+-)退所後のかかわり	(+)友人関係 (-)社会とのつながり (-)学校教員との関係 (-)地域とのつながり (+)新たな家族との関係	(-)生きづらさ (+-)生い立ちへの直面 (+)肯定にむかう生
	B	(+)衣食住 (-)安心・安全 (+)生活の移行	(-)措置下の生活における機会 (+)高等学校教育の機会 (+)大学等進路選択の機会 (+)大学等教育の機会	(-)親との決別 (+)親への感情 (+)家族再統合 (-)親の抱える問題 (-)きょうだいの関係	(+-)退所後のかかわり	(+-)社会とのつながり (-)職場での人間関係	(+)生い立ちへの直面 (+)肯定にむかう生
	C	(+)生活の移行	(-)就職の機会 (+)大学等進路選択の機会 (+)大学等教育の機会	(+-)親への感情 (+)家族再統合 (-)親の抱える問題 (-)きょうだいの関係	(+)退所後のかかわり (+)施設の養育者との関係	(+-)新たな家族との関係	(+)肯定にむかう生
	D	(-)経済 (+)衣食住 (+)生活の移行	(+-)措置下の生活における機会 (+)大学等教育の機会	(+-)親への感情 (+)家族再統合 (+)親との決別	(+)退所後のかかわり (-)施設の養育者との関係	(+-)社会とのつながり (+)職場での人間関係 (+)新たな家族との関係	(-)生きづらさ (-)生い立ちへの直面 (+)肯定にむかう生
	H	(+)生活の移行 (-)経済 (-)衣食住	(+)高等学校教育の機会 (+)大学等進路選択の機会	(+-)親への感情 (-)親の抱える問題 (+)家族再統合 (+)家族の変動	(+-)退所後の養育者との関係	(-)地域とのつながり (-)社会とのつながり (+-)新たな家族との関係	(-)生い立ちへの直面 (+)肯定にむかう生
	L	(+)衣食住	(-)措置下の生活における機会 (+)大学等教育の機会	(-)家族の変動 (+)親の抱える問題 (+-)きょうだいの関係	(+)退所後のかかわり	(+)社会とのつながり (-)新たな家族との関係	(+)生い立ちへの直面 (-)生きづらさ (+)肯定にむかう生
(2)家庭からの入所・自立退所タイプ	E	(なし)	(-+)就職の機会 (+)大学等教育の機会	(+-)親への感情	(+)退所後のかかわり	(+)新たな家族との関係	(+)生きづらさ (+)生い立ちへの直面
	F	(なし)	(なし)	(+-)家族再統合 (-)親への感情	(+)退所後のかかわり	(+)社会との関係 (+)友人関係	(-)生きづらさ (-)生い立ちへの直面 (+)肯定にむかう生
	G	(なし)	(-)保証人の確保 (+)大学等進路選択の機会 (-+)大学等教育の機会 (+)就職の機会	(-)親の抱える問題	(+-)施設の養育者との関係	(+)社会とのつながり (+)地域とのつながり	(-)生い立ちへの直面 (-)生きづらさ (+)肯定にむかう生
	R	(なし)	(+)就職の機会 (+)大学等教育の機会	(+)家族との決別	(+-)退所後のかかわり (+)子ども同士の関係	(なし)	(-)生きづらさ (-)肯定にむかう生

120

		経済・生活	教育・就職	親・家族	退所後のかかわり	社会とのつながり	生きづらさ・肯定
(3) 再保護タイプ	O	(−) 経済 (−) 安心・安全	(−) 義務教育の機会 (−) 高等学校教育の機会 (+) 就職の機会 (+) 大学等進路選択の機会	(+−) 家族の変動 (+−) きょうだいとの関係 (−) 親への感情 (−) 家族の背景	(+) 退所後のかかわり	(+−) 地域とのつながり (+) 学校教員とのつながり (+) 社会とのつながり (+) 友人関係 (−) 新たな家族との関係	(−) 生きづらさ (+) 肯定にむかう生
	T	(−) 経済 (−) 生活の移行	(−) 高等学校教育の機会 (+−) 大学等進路選択の機会 (−) 保証人の確保 (+) 就職の機会	(+−) 親との決別 (+−) 親への感情	(−) 退所後のかかわり	(−) 地域とのつながり (+) 職場での人間関係	(−) 生い立ちへの直面 (+) 肯定にむかう生
	P	(−) 経済 (+) 生活の移行	(+) 大学等教育の機会 (+) 保証人の確保 (−) 就職の機会	(+) 親との決別	(+) 施設の養育者との関係	(−) 社会とのつながり	(−) 生きづらさ (+) 肯定にむかう生
	Q	(−) 経済 (−) 生活の移行	(+−) 大学等教育の機会 (−) 保証人の確保	(+) 親との決別 (−) 親への感情	(+−) 退所後のかかわり	(−) 社会とのつながり (+) 地域とのつながり (+) 新たな家族との関係	(+) 肯定にむかう生
	S	(なし)	(+) 大学等教育の機会 (−) 措置下での生活における再構築の機会 (+) 学校外学習の機会 (−) 保証人の確保	(−) 家族の変動 (−) 親への感情 (−) 家族再統合・親の抱える問題	(+−) 退所後のかかわり	(−) 社会とのつながり (−) 地域とのつながり (+) 新たな家族との関係	(+) 肯定にむかう生
	U	(−) 衣食住 (+) 生活の移行	(−) 学校等学習の機会 (−) 大学等教育の機会	(−) 親の抱える問題	(なし)	(−) 地域とのつながり	(−) 生きづらさ (+) 肯定にむかう生
(4) 乳児院から入所・自立退所タイプ	I	(+−) 措置下での生活 (−) 経済 (−) 衣食住	(−) 措置下での生活における再構築の機会 (+) 大学等教育の機会	(−) 親との決別	(なし)	(+) 友人関係 (+−) 社会とのつながり (+) 地域とのつながり	(−) 生きづらさ (+) 生い立ちへの直面 (+) 肯定にむかう生
	J	(−) 経済 (−) 衣食住 (−) 生活の移行	(−) 大学等教育の機会 (−) 就職の機会	(+) 親への感情	(−) 退所後のかかわり	(−) 新たな家族との関係 (−) 職場での人間関係	(−) 生きづらさ (−) 生い立ちへの直面
	K	(なし)	(−) 大学等教育の機会 (−) 就職の機会	(なし)	(+) 退所後のかかわり	(+) 社会とのつながり (+) 職場での人間関係 (+) 新たな家族との関係	(−) 生い立ちへの直面 (−) 生きづらさ
	M	(−) 経済 (−) 衣食住 (−) 安心・安全 (+) 生活の移行	(−) 就職の機会	(+) 親との決別	(+) 退所後のかかわり	(−) 職場での人間関係 (−) 社会とのつながり	(+) 肯定にむかう生
	N	(−) 経済 (+) 生活の移行	(−) 大学等教育の機会 (−) 就職の機会	(−) 親との感情 (+−) 親との決別 (+−) きょうだいとの関係	(+) 退所後のかかわり	(−) 新たな家族との関係 (+) 職場での人間関係 (−) 社会とのつながり	(−) 生きづらさ (+) 肯定にむかう生

方、家族とのリガチュアの影響がマイナスのものとして語られていることがわかる。家族との交流が少ない場合でも葛藤を抱えた関係が続いていると考えられる。

再保護タイプの基礎的オプションで特徴的なのは、入退所を繰り返すことによって生じる〈生活の移行〉の影響である。措置と保護の間でプラスとマイナスの両面が語られ、生活の移行によって基礎的オプションが左右される様子がわかる。リガチュアでは、保護前（入所中）と同様に、〈施設と家庭でのゆらぎ〉について語られているのが特徴である。

乳児院からの入所・退所タイプも高校卒業まで在籍していることから、選択的オプションについての言及が多い。リガチュアでは、途中まで家族との交流があったIさん以外は、家族のリガチュアについての語りが少ない傾向がみられる。

3）退所後のライフチャンスを表すコードとタイプの特徴

退所後のライフチャンスを、事例-コード・マトリックスに示したのが表4-14である。

家庭復帰タイプでは、家庭に戻った後に、進学することが多いため、選択的オプションについて退所後に多く語られている。なかでも、6名中5名が大学等進学をしており、〈大学等教育の機会〉について多く語られている。さらに、6名中5名から「生の不安定さ」に関して〈肯定にむかう生〉として語られていることも特徴である。

18歳で社会へ「自立退所」する家庭からの入所・退所タイプは、退所後に独力で生活を維持することが求められると考えられるが、退所後の基礎的オプションについての言及はなかった。リガチュアの面では、家族のリガチュアに関するものが少なく、退所後にも家族とのつながりの希薄さがうかがえる。

再保護タイプは、6名中5名が大学等進学を果たしており、〈大学等教育

の機会〉について多く語られている。リガチュアでは、家族のリガチュアについてプラス・マイナスの両方について多く語られている。家庭復帰・再保護と繰り返したことの影響をうけ、家族との関係が複雑であることが想定される。また、「生の不安定さ」について、〈肯定にむかう生〉として 6 名中 4 名から語られている。

　乳児院からの入所・退所タイプの基礎的オプションでは、〈経済〉の困窮状態について 5 名中 4 名から、〈衣食住〉の欠如について 3 名から語られており、退所後の生活困難さが表れている。リガチュアでは、家族のリガチュアについて〈親との決別〉が主なもので、家族とのつながりが欠如している様子がうかがえる。

（6）小括：ライフチャンスを構成する概念的カテゴリーの関係

　ここまで、インタビュー調査のデータ分析を通して得られた概念的カテゴリーを、ライフチャンスの枠組みから確認し、概念的カテゴリー間の関係や事例間の関係について分析を行った。小括として、概念的カテゴリー間の関係について整理を行う。図 4-3 は、得られた概念的カテゴリーの構成をモデル化したものである。

　オプションには、衣食住や安心・安全な生活を支える「基礎的オプション」と、それを基盤として成り立つ「選択的オプション」を見出すことができる。この選択的オプションは、教育機会や就職機会などの選択を支えるものである。

　さらに、リガチュアは、「社会のリガチュア」「施設のリガチュア」「家族のリガチュア」に分類することができる。このオプションとリガチュアの相互の関係によってライフチャンスが規定されると考えられる。これは、ダーレンドルフの提唱したライフチャンスの概念と同様である。

　さらに、分析の継続の中で、ダーレンドルフが設定したオプションとリガ

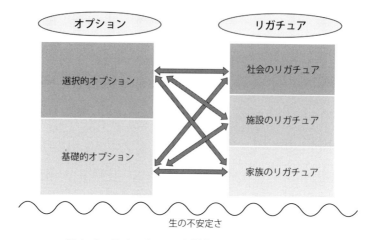

図4-3　ライフチャンスを構成する概念的カテゴリー

チュアでは捉えきることのできない「生の不安定さ」にまつわる概念的カテ
ゴリーが抽出された。この「生の不安定さ」の状況が、リガチュアを築くこ
とを困難にし、オプションから実質的な選択を行うことを不可能にし、ライ
フチャンスを制限することが想定される。その具体的な分析については、第
5章に述べることとする。

注 ―――――――――――――――――――――――――――――――

1　事例-コード・マトリックスは、個々の事例を横糸、コード（本分析では概念的カテ
　ゴリー）を縦糸とし、全体像の把握を試みるものであり、この方法によってよりデータ
　との「密着度」が高い分析を行うことが可能となる（佐藤 2008: 111）。

第5章

社会的養護のもとで育った若者のライフチャンス
―ライフチャンスの質的把握―

本章では、前章で得られた概念および、分析枠組みを用いて、事例ごとのライフチャンスを通時的に分析する。

（1）通時的分析：タイプによる分析

　前章で設定した調査協力者の4つのタイプごとに、それぞれの典型的な1事例を取り上げ、ライフチャンスを検討した。典型例は、入所前、入所中、退所後のすべての時期区分についての語りがある事例を選定した。

　それぞれに示す典型例の分析結果は、調査協力者の語りを時系列とライフチャンスの概念枠組みに沿って、語りに該当するコードを記入し、分析したものである。使用したコードは、事例のあらすじがわかるよう焦点的コードより具体的なオープン・コードを用いた。

　語りの内容から、ライフチャンスを高める影響をもったものにプラス（＋）、制限したと考えられるものにマイナス（−）を付した。また、入所中の時期を薄いグレーで、生活している場所のリガチュアを濃いグレーの網かけで示し、小文字アルファベットは、コードの関係性と記述の順を示している。

1）家庭復帰タイプ（A, B, C, D, H, L）

　1つ目のタイプは、「家庭復帰タイプ」である。これは、乳児院または家庭から施設へ入所し、家庭・親類宅へ退所する経緯をたどるタイプである。

　このタイプの典型例として、Cさんの語りを取り上げる。Cさんは、幼時期に母親が出て行き養育困難となったために家庭から施設へ入所し、「施設の決まり」によって中学卒業時に家庭復帰となった。

　以下、分析の結果から、ライフチャンスの状況を詳述する（表5-1）。また、家庭復帰タイプ全体の特徴についても枠中に記載することでタイプの傾向を明らかにしたい。

表5-1　Cさんのライフチャンス

C		オプション		リガチュア			生の不安定さ
入退所	年齢・進路	基礎的オプション	選択的オプション	家族	施設	社会	
				（−）親の不在	e	a	（−）入所理由がわからない
入所	幼児期	（+）暮らしの改善	（+）恵まれた暮らし	（+）頻回な交流	（−）「施設は戦場」	（−）施設の孤立	
		（+）衣食住のある安心	（−）自由のなさ	（+）親を思慕	（−）個別的な養育の希望	（−）秘匿の理由	c
		b	（+）施設ならではの経験	（+）施設内での親の評価	d	（+）友人関係を遮る規則	（−）周囲との違いの感覚
				f			
	中学3年	（−）施設にいられる条件	（−）行動を制限する規則		（+）リービングケアの実施		（+）生い立ちの整理
退所（家庭復帰）	高校	（+）措置解除による集団からの解放	（−）アルバイト	（−）親の行いに対する葛藤	（+）イベントの開催		（+）自責からの解放
		（+）家庭復帰の肯定	（+）大学等進学のきっかけ	（+）関係の再構築	（+）郵便物		
		g	（+）大学等進学の支援・方策	（−）家族の健康問題	（+）ライフイベントのお祝い		
				（−）親の経験的問題			
	大学進学		（+）大学等継続の要因				
	結婚					（−）新しい成員への説明	
	出産		（+）大学等進学の評価	（+）親との決別	（+）ライフイベントのお祝い	（+）新たな家族の目標	
			h	（−）切れない血縁	（+）見守り	（−）子育ての悩み	（+）生い立ちの整理
				（+）親への感謝	（+）個人的なアフターケア	（−）親役割の希求	
					（+）相談支援	（+）新しい家族	
			i		（+）よいおとなのモデルの提供		j

※小文字アルファベットでコードの関係性と記述の順を示す

①入所前の暮らし

a．出て行った母とわからない入所理由：リガチュア→「生の不安定さ」

　Cさんが0歳のときに、母親が家を出て行った。そのため、父親が主な保護者となったが、養育困難となり、Cさんは父の前妻の家庭に預けられた。Cさんは、この女性に対して「すごく優しくしてくれて、すごくいい記憶（C10）」をもっている。しかし、何らかの理由で、児童養護施設へ入所することとなった。なぜ施設に入らなければならなかったのか、いまだに不明である。

養育の補完

　家庭復帰を経験した「家庭復帰タイプ」は、「男手一つでちょっともう育てられない。……社会資源の一つとして、施設を利用していたという感じですね（A16）」と語られるように、養育困難が入所を必要とする主な理由であった。重篤な虐待の経験は比較的少なく、社会的養護制度を「利用」することで、施設が家庭の養育機能の一部を補完する役割を担っている。

---

②入所中の暮らし

b．「恵まれた」施設生活と自由のなさ：オプション

　Cさんにとって、入所後の施設での暮らしは「かなり恵まれているな（C68-1）」と思えるものであった。食べる物もあり、お小遣いももらえ、「服とかも新しいのをみんなで買いに行ったり、なんで、施設なのにこんなにお金があるんだろう（C68-2）」「いつも（施設の）お友達がたくさんいて、食べ物もちゃんとしたのが用意されてて幸せだなって、そのときは思ってた（C72-1）」とふりかえる。また、施設では、行事もたくさんあり、［施設ならではの経験］ができた。

　一方で、施設生活の［自由のなさ］には不満があった。「〔施設〕の先生に対してどうとかじゃなくて、〔施設〕のシステムに対してちょっと不満を

持ってた (C360)」「自由がほしかったですね。とにかく (C358)」と語っている。

c．周囲との違いに気づく：「生の不安定さ」→リガチュア

学校では、自分の家族について話すことができず、周囲との違いを感じ始めた。「〔施設〕での生活は楽しかったんですけど、やっぱり小学校に入るようになって、周りの子たちが普通に『お母さんが昨日さ』とかいう話が出ると、なんか言えなくって、自分はちょっと違うんだっていうのを気づき始めて (C70)」「(自分のことを) 話そうとしても、なんか周りに変な風にかわいそうって思われるんじゃないかって思って言えなくって。学校のお友達とあんまり仲良くできなくって (C72-2)」と友人関係にも制限が生じていた。

d．友人関係を遮る規則：オプション→リガチュア

さらに、友人関係に影響を与えたのは、施設の規則であった。門限が早いことや外出の規則によって、Cさんは友人関係がうまく築けなかった。「中学校になると、やっぱり (友達) みんなで出かけたりとかそういう話が出るじゃないですか。おうちに遊びにおいでよとか言って。でも (施設の) 門限が5時だったんですよ、当時。だから、学校帰りにみんなで遊ぶっていうのができなくって。だから、あんまり仲良くなれない。誘ってもらっても、休みの日に申請書みたいなの書いて。自転車も貸し出しのなんか (書類) 書いて、何時までに帰りますって書いて。だから、事前にしっかり手続き踏んでやらないといけなかったから、なんかそういうのも煩わしかった。〔施設〕の子たちといる方が気楽で、学校の子たちとは、あんまり (遊びに) 行けなかったかな (C80)」「もっと自由があったら、もっと学校のお友達と仲良くできたのにっていうのはすごく感じます (C82)」とCさんはふりかえっている。

e．子ども間の軋轢の放置：リガチュア

一方、施設の子ども同士でも上下関係が生じていた。施設の子ども間でい

じめられていても「それに対して、（職員に）あまり気づいてもらえない。それはもうすごい逃げ場がなかったし、……寝てるときに、つねられて、泣くじゃないですか。でも、〔職員〕が来たときには寝たふりしてて、何も聞いてもらえない。『何泣いてるの、寝なさい』みたいな感じで。逃げる場所もない、聞いてくれる人もいない。……もう思いをぶつけるところがなくって、（職員には）もうちょっと親身になって、個人に目を向けてくれたらなと思いました。つらかった（C340）」。

　施設での「いじめ」の内容について、「〔施設〕のお友達、みんなに無視されたりとか、そういうのとかもやっぱりどんどん回ってくるんですね。次はこの子みたいな。しかも……女の集まりなので、けっこうそういうのは、強烈でした。いじめは（C344）」「だから、いまだに女の集団は苦手で。たぶんそういうのが、傷が残ってるのかなって（C346）」と、入所中の対人関係の経験が、現在の人間関係にも影響を与えている。

ｆ．父への思慕：リガチュア

　こうした施設生活の中、家族との交流は続いており、外出や外泊などに連れて行ってくれる父の来訪を心待ちにしていた。家族との交流が多かったため、施設で暮らす他の子どもたちと比べても、自分の家庭の状況は恵まれたものであると感じていた。そして、「（父のことが）もう大好きでした。小さいながらに、自分を守ってくれるのはこの人しかいない、みたいな。それは常に思ってて。〔施設〕にいる間も、ずっと父のことばっかり考えて（C18）」と語られるように〔「親」を思慕〕していた。

基礎的オプションの安定と集団生活の不自由さ

　家庭復帰タイプの入所中のオプションをみると、家庭の養育困難を背景とした衣食住の不十分さが、施設入所によって補完され、基礎的オプションの安定をもたらしていることがわかる。

　また、入所前や家庭復帰後に家庭での暮らしを経験しており、施設

との比較対象があることで、「(施設) 最悪みたいな。……なんかここに住んでいると『籠の中の鳥』のようだみたいな。ことを (文集に書いていた) (A52-1)」といった語りにみられるように、施設での集団生活を「不自由で窮屈だった」と評価する傾向がある。そのため、退所による集団からの解放が、家庭復帰の肯定的評価を後押ししていることも推測される。

情報への接近性と混乱

　リガチュアの面では、入所後にも家族との交流が多く維持されている。家族との交流は喜びであった反面で、家族との接点が多いために、「生」をゆるがされるような大きな事項や家族の事情に突然直面させられることもある。Ｌさんは、親族との交流中に母親の養育態度について、突然暴露される。「〔親族〕に『あんたの母親はあんたを抱っこするの嫌がってた』とか、……お母さんが妊娠してるの知らなくて、病院行ったら、(もう出産だった) とか (聞かされて)。その話がすごくショックで (L463-2)」と語られるように、Ｌさんの「生」に大きな混乱が生じた。このように、家族との距離が近いことで、自身の「生」がゆらぐ状況に置かれることも少なくない。

③退所後の暮らし

g．家庭復帰によって「普通になる」：オプション

　その後、「中卒で退所」という施設の「決まり」によって、Ｃさんは、中学卒業と同時に父親のもとへ家庭復帰となった。Ｃさんにとって、家庭復帰後の暮らしは、「自由」であり「普通」になることだった。Ｃさんは、「ただ自由なのがうれしくって (C118-2)」「自由ってこんなにいいんだって思って (C120-1)」「普通の生活、普通に友だちとつきあって、普通の生活ができるのがうれしかった (C180-2)」と語っている。

h．大学等進学の機会を得る：オプション

　家庭復帰をした後、Cさんは家庭から高校へ通った。成績も良く、高校教員の勧めで大学進学を希望する。父親からの入学金の提供や奨学金を使用することで、大学進学を果たした。「私も高校卒業したら、働く気満々で、お金も欲しいし。だけど、高校で成績が学年で1番2番で、先生にすごいすすめられたんですよ。このままもったいないって言われて。で、私も……もうちょっとやりたいなっていうのもあったので、父に相談したら、入学金は出してやるからっていうことで。あとはただ、奨学金使って行きなさいって感じで。奨学金だけじゃ足りないから、あとはバイトして、なんとかやりくりして（C202）」と語られるような〔大学等進学の支援・方策〕を確保し、大学を卒業した。

i．父との関係修復と施設への感謝：リガチュア

　退所後の父親との暮らしでは、思春期の反発や経済的な問題も抱えつつ、親子関係が修復されていった。「やっぱり、父がいたからこれまでやってこれたと思います。やっぱり、たった一人でも肉親がいるのってすごい（大きい）（C418）」と感じていた。

　また、退所した施設とは年に数回交流があり、成人式の着付けなどのアフターケアをうけ、「もう十分です、十分。だって、他にもたくさん（子どもが）いるのに、そうやってして下さってるから、もう十分です（C162）」と感謝している。

　施設での生活をふりかえると、「特に預けられた〔施設〕があそこでよかったなって。〔施設〕の先生ともこんなにつきあいできてるし（C380）」と思っている。

j．子育てを通じて生い立ちに直面：リガチュア→「生の不安定さ」

　その後、結婚し出産した。子育てを通じてこれまでの自分の育ちをふりかえることになった。自分が母として子どもにしていることは、自分が子

ども時代には得られなかったことであり、「(自分の) 子どもがうらやましい (C402)」と感じた。たとえば、「子どもを産んでみて、普通の人たちは、こんなに愛情を注がれて育ったんだなってすごい思います。だから、私ってどんだけ愛情に飢えてたんだろうってすごく思いました。それが今まで当たり前だったんですけど、自分が (子どもを) 産んで自分が (子どもに) すごい愛情を注いでるから、普通に産んだらこんなに、愛情注がれて (育つんだ) と思って。じゃあ、私が今ぐれてないのは奇跡じゃないのみたいな (C398)」とこれまでの自分の育ちをふりかえった。

　経済的な課題を抱えていると聞かされ、実母には、今後も会わないことに決めているが、周囲が母親に頼っている様子をみると「子育てしてはじめて、今までにないくらい、母親がほしい (C228)」と思った。

　こうした新たな葛藤の中でも、「自分がやってもらえなかった分、(子どもには) すべてやってあげたい (C412)」「実家が欲しい。実家を作ってあげたい、子どもたちに (C328)」と、子育てに奮闘しながら、「ようやく自分の幸せ (C388)」が来たと感じている。

「家庭」にいることの大切さ

　家庭復帰後には、施設での暮らしよりも衣食住が不足したり、自身が家事を行うことで生活が成り立つこともあるため、基礎的オプションが低下する可能性もある。しかし、深刻な衣食住の欠如に陥ることは少なく、最終的には家庭復帰を肯定的に評価している。

　この肯定的評価の背景には、「施設」ではなく「家庭」にいることの重要性を感じていることが大きい。「やっぱり、住んでる場所の安心さが違うので。……家に帰って (家庭復帰して)、自分の家があるっていうのがものすごく自信に変わるんですよね。……やっぱり施設にいた頃は自信がないし、誰かに見られてるし、何をするにも順番、共同だったりとか。踏ん張る力が全然ない (A193-1)」状況であったと語られた。また、「施設にいるよりは、普通の家庭から高校に行けるんだなみたいな

感じだった（H42-2）」と語られるように、家庭復帰によって「普通の生活」になったことによる肯定的評価がうかがえる。

大学等進学への接近性

　選択的オプションをみると、家庭で暮らしていることによって家族からの大学等進学の支援が受けやすく、6名中5名が大学等進学・卒業を達成している。また、大学等進学の評価も高く、「(大学で) 何にも変えられないこの青春の時間を過ごせたっていう……あの経験っていうのは、私の宝物（A482)」と語られるように、選択的オプションがライフチャンスを高めることに寄与している。

家庭復帰後のアフターケア

　先行研究等では、家庭復帰後のアフターケアの課題が指摘されている（伊藤2010）が、本調査における家庭復帰タイプでは、施設職員による私的なものを含め何らかのアフターケアが行われていた。たとえば、Aさんは、家庭復帰後の家事の不足に対して、施設職員が家庭を訪問し家事支援を行っていた。また、新たな家族成員と深刻な対立に陥った際には、退所した施設に居住させてもらい「命拾い」したと語っている。

　上記の親族からのネガティブな情報の暴露によって「生」がゆらいでいたLさんは、乳児院で生活していた際の職員との交流が続いており、赤ちゃんのときにとてもかわいかったこと、乳児院の職員からかわいがられて育ったことを伝えられ、「この人がいるから、まだ大丈夫（L527)」と感じられるようになった。このように、家庭復帰（退所）後にも施設のリガチュアが一部継続していることがわかる。

　一方で、家庭復帰後には、「家庭がある」ことで施設を頼りにくくなること、家庭復帰した場合にはアフターケアの対象外になると認識していること、施設が家族に介入しにくいことなど施設のアフターケアの限界も語られている。

社会の中での新たなつながり

　施設とのつながりだけでなく、社会の中で新たなリガチュアをもつことで、生い立ちを整理したり、境遇から「解放された」と語る人も多い。Cさん同様、子育てをしているHさんも、結婚後築いた新たな家族の中で「離婚家系を脱却」しようとしている。Bさんは、職場のつながりの中で、自身の生い立ちをごく普通に受け止められたことで、「(境遇に)向き合えるようになったっていった頃から、自分のことがちょっとずつ好きになっていってる(B584-2)」と語り、こうした感情を「『自分解放』みたいな感じ(B520)」と述べている。

　さらには、当事者活動を通して、自身の「生い立ちの整理」が進む様子も語られている。この詳細は後述する。

④「家庭復帰タイプ」のライフチャンスの特徴

　家庭復帰タイプの全体的な特徴をみると、幼少期に養育困難となり、施設入所を必要とした家族に対して、施設による養育の補完が行われている。全員が就学前の入所であったために、義務教育の欠如もなかった。

　家庭復帰後には、基礎的オプションの一時的な低下が生じるものの、再保護の必要はなく、家族のつながりの中で、大学等進学の選択的オプションを得やすい傾向がある。こうして、家庭から社会生活へ移行している。

　このタイプは、親子関係が再構築され、生活も安定していったが、家族再統合の過程の中で、家族に対する精神的葛藤も起こりやすく、丁寧なケアが必要である。

2）家庭からの入所・退所タイプ(E, F, G, R)

　次は、家庭から施設へ入所し、18歳まで施設で生活した後、社会へ「自立退所」をした「家庭からの入所・退所タイプ」である。

　このタイプの典型例として、Gさんの事例を取り上げ、ライフチャンスの

状況を分析する。Gさんの家庭は、経済的に困窮しており、不十分な養育状況であった。そのため、小学高学年で保護され施設入所となる。その後、18歳で「自立退所」となるが、進学の希望は叶えられなかった。

　以下、ライフチャンスの状況を詳述する（表5-2）。また、タイプ全員の分析結果から、タイプの特徴についても枠の中に記載することで全体の傾向を明らかにする。

①入所前の暮らし

ａ．両親の抱える問題と生活困窮：オプション、リガチュア

　Gさんは、障害をもつ両親のもとに誕生した。［親の就労問題］や障害のあるきょうだいが抱える問題など支援ニーズの高い家庭であり、幼少期から経済的に困窮していた。さらに、親の障害の状況も重なり、Gさんは偏った［不十分な食事］などのネグレクト状態で生活をしていた。小学校では、家庭の状況を理由としたいじめをうけ、学校へ通えなくなった。

家庭における基礎的オプションの制限

　家庭からの施設入所となった「家庭からの入所・退所タイプ」の場合には、入所前の家庭環境において、深刻な虐待やネグレクトをうけていることが多い。そのため、衣食住や安心・安全な生活などの基礎的オプションは著しく脅かされた状況であった。食事が不足しているだけでなく、「ランドセル背負って夜中2時とか出歩いてた（E145）」と語られるような不適切な養育環境であり、「虫歯だった。だって、歯磨かないでしょ。教えてくれないから（E-195）」と語られるように、健康上の問題も生じていた。

　このような状況下では、義務教育の機会も欠如していることが多い。夜間に保護者が不在であることや、食事が不足していることで、万引きや空き巣などの非行につながることもある。子どもの行動が問題化すると、施設への入所を自らの行動に対する罰として捉えることにつなが

り、「自分が悪かったから施設に入った」という自責の感情を抱えることもある。

②入所中の暮らし

b．基本的な生活の回復と厳しい規則：オプション

　小学校高学年になったＧさんは、不登校と生活状況を心配した学校から児童相談所へ通告され、保護に至る。施設入所によって、「*衣食住は安定したから、当たり前の生活ができた（G1070）*」と語られるように、基本的な生活を送ることが可能となった。このことで、小学校への通学も再開し、Ｇさんの義務教育が回復した。

　入所中は、友人と同じように地域の塾へ通いたいというＧさんの希望は叶わなかったが、施設内での学習支援をうけた。勉強はやってみると楽しく［学習機会の回復］となった。

　一方で、施設での生活には［厳しい日課］や［行動を制限する規則］、部活動より施設の宗教行事を優先させられるという［宗教・文化の強制］があり、集団生活の規則に生活の制限を感じていた。

c．「捨てた」親との交流の拒否：「生の不安定さ」→リガチュア

　入所中のＧさんは、家族との交流を拒否していた。それは、「*こっちは捨てられたと思ってるから、こんな人（家族）たちと会ったって仕方ないよねって。（家に）帰らせてくれるわけじゃないし。変な期待させられたくないし（G1068）*」という感情からであった。

　入所することになった経緯について十分なケアがなく、「*私は捨てられたと思ってたわけだから、中学3年生まで、一回も会ってない（G1046）*」と語られるように、家族との交流の拒否を続けていた。

d．差別の経験と秘匿：リガチュア

　学校での友人関係にも葛藤を感じていた。Ｇさんは、小学校でいじめられ

137

た経験から、家族の状況や施設生活については秘匿していたかったが、事情を知っている人によって中学校でも［勝手な流布］がなされてしまう。「『あいつ施設なんだよ』『親と生活してないんだよ』(G374)」といった言葉をかけられ、「せっかく友だちになった人も離れて行っちゃって (G408)」という経験をする。

こうしてGさんの中で、「施設って言うことによって、施設だって周りが知ることによって、差別を受けるんだっていうことを何かこう段々知っていってっていう感じだと思う (G659-1)」と、「施設生活が差別されること」という思いを強くしていくことになった。この感情は、「大学の友達には施設で育ったとかあえて言う必要とかないから、言ってなかったわけだよね。自分の心の中で、施設で育ったってことはすごく恥ずかしいとか、差別されることなんだってこととか思ってたからね (G974)」と語られるように、退所後にも継続した。

e. 途切れる人間関係：リガチュア

Gさんが友人関係を築くことの困難さには、施設の［友人関係を遮る規則］も影響を及ぼしていた。施設の規則や方針は、「中学校のときも高校のときも、不良になるとか何とかっていって、カラオケとか、(施設の) 外での関係はあんまり作りたがらせなかったから。外の関係をつくらせたがらなかった (G643)」。そのため、「やっぱりこう、友人関係を切られてたって感じがする。(施設の職員は) 私たちが、人間関係切ってるとかいうけど (G1090)」、友人や人間関係を途切れさせられてきたと感じていた。

また、友人とのつながり (社会のリガチュア) が制限されただけでなく、施設の養育者 (施設のリガチュア) も変更が多く、さらに家庭との交流 (家族のリガチュア) を拒否していたGさんにとって、入所中のリガチュアは脆弱で途切れているものであった。

f. 進路選択の制限：リガチュア→オプション

高校進学に際し、Gさんは、将来の目標に通じる専門科高校への進学を希

望していたが、「バス代とか、電車のお金が出ないから。……『あなたに（交通費を）つけるとなると、他の子がその分だけリスクを負うことになるよ』って（言われた）（G577）」ため、施設内での通学費の制限によって希望する高校を選択することができなかった。

　そのため職員の勧めに応じて大学進学を目指す普通科の進学コースに進んだ。それにもかかわらず、いざGさんが大学進学を希望すると、施設から大学進学した前例が少ないという理由で、職員が進学に反対した。奨学金の情報提供もなく、高校卒業時には「とりあえず働くしかない」「住み込み就労しかない」状況で、Gさんは、結局大学進学を断念せざるを得なかった。こうした可能性が閉ざされた経験から、「（施設が）都内だったら、可能性が必ずあった。それ（進学）を選べたのかなって。（地方の施設だと）何だか知らないことが多い（G787）」と、施設間での「可能性の格差」があると感じた。

入所による基礎的オプションの回復

　「家庭からの入所・退所タイプ」では、不適切な家庭環境から保護され、施設に入所することで、衣食住が保障された生活を送ることができるようになる。基礎的オプションが回復することで、義務教育の機会が回復し、学習の機会も一定の回復が図られる。18歳で退所するまでの間、施設生活が継続することで、4名全員が部活動や生徒会活動などの課外活動を行っており、達成感や充実感を得る機会となっている。

施設生活におけるリガチュアの制限

　リガチュアの面では、施設での生活が比較的長いことで、学校の友人らとのかかわりの影響も大きい。そのため、施設での暮らしを友人にどのように伝えるか、施設生活の開示や秘匿について悩んだり、友人関係を遮る規則に周囲との差を感じることも多い。特に高校生にもなると、社会のつながりが増え、友人らと自由に出かけたい時期であるが、施設の制限で外泊や旅行ができず、「普通の」友人関係を築く大きな障害となり得る。

家族とのつながりのなさ

　このタイプでは、家族との定期的な交流があったＦさん以外は、入所後の家族とのつながりはほとんどなく、交流が途絶えていることが多い。前述の「家庭復帰タイプ」における施設の機能が、家庭の養育を「補完」するものであったのに対し、「家庭からの入所・退所タイプ」では、施設が家庭の養育全体を「代替」する機能をもっていると考えられる。

施設での進学支援の重要さ

　「家庭からの入所・退所タイプ」では、家族からの支援が期待できない場合の選択的オプションは非常に限られたものであった。大学への進学を希望していたＧさん、Ｅさんは、経済的な問題で進学を断念した。退所後数年経った後に進学を果たしたＧさん、Ｒさんは、自身の就労により貯金をしたことで進学が可能となったが、一度就労した後に進学することの困難さを「*働き始めると、周りの人が楽しくやってるのに、自分だけ進学目指して勉強するっていうのはなかなかできない（G1094）*」と指摘する。

　一方のＦさんは、施設独自の制度によって、大学等進学のための費用と生活費の一部を受け取り、大学等進学を果たしている。現在、社会的養護のもとにいる子どもむけの奨学金や支援制度は増加しているものの、一度退所した若者は使用できないものが多い。また、制度が活用できるかどうかは、施設の養育者の情報提供や申請の支援にかかわっており、入所中の進学支援が重要である。

③退所後の暮らし

g．再び進学を志す：オプション→リガチュア

　退所後、住み込みで就労をしていたＧさんは、職場で出会った高齢の女性から「『*あんた、今のうちだよ*』って言われて、『*若いうちにやりたいことしとかないと、……私みたいに後悔するよ*』（G854）」と言われたことをきっかけに、再び大学進学を志した。

　進学の方策として、就労して貯金した資金や独力で調べた奨学金制度、卒業した高校教員から奨学金予約などの支援を得て、大学への進学を果たす。進学の報告に行った際には、施設の職員から「『えー、あんたが進学できたの？……できると思ってなかったよ。あんたみたいな人に』（G884-2）」と笑われ、再び憤慨させられた。

h. 「絶対に失敗できない」大学生活：オプション→「生の不安定さ」

　退所後の住み込み就労の環境から、一念発起し大学進学を果たしたものの、家族の支援は得られない状況のままであり、独力で生計をたてながら授業料を支払うために大変な努力を要した。高校教員の支援で借りられた奨学金であったが、返済の必要がある奨学金には手をつけないと決めていた。そのため、生活費と学費を自力でまかなわなければならず、「本当週7で働いてたんだよね、あのとき。だから疲れてるって感覚がないからね。疲れてるって言ってる場合じゃないから。働かなきゃなんないし、学校行かなきゃなんないから（G928）」と語られるようにGさんは過酷な状況で大学へ通った。

　また、大学を辞めても帰れる場所がないという感覚から、「卒業するしかない」という強い切迫感を感じながらの大学生活であった。「何かあったときに保障がないから。それでまあ、お金もあったし、時間の余裕もあったけど、最終的な自由はない（G1178）」として、「挫折ってことは選択肢にない。辞めるっていうか、挫折ができない（G946）」と語られるように、絶対に失敗できないという強い「強迫観念」を抱えていた。

i. ケアの対象でなくなる：「生の不安定さ」→オプション

　その後、大学生活も徐々に見通しがついたことで肩の力が抜け、Gさんはボランティアや施設で暮らした当事者としての活動にも参加するようになった。

　「いろんな出会いがあった。語って、自分で（話を）まとめて、いろんな人に語った。児童養護施設に関係ある人だったから、余計に語りやすかったっていうのもあったと思うけど。話したことで、すごくすっきりした感が

あって（G986）」と語られるように、当事者活動で自身の経験を言語化していくうちに、これまでの生い立ちについても整理されていった。

　ふりかえってみれば、苦労して大学進学・卒業したことは、専門的知識を得られた機会であり、Gさんは肯定的に評価している。そして、いつか自身の経験を生かして、子ども家庭福祉の関係職に就きたいと考えている。

> 独力での生活
> 　「家庭からの入所・退所タイプ」は、18歳まで施設で暮らす必要がある状況のため、退所後にも家族の支援が受けにくく、衣食住を独力で担う必要があり、退所後の基本的オプションの維持が大きな課題となる。
> 　リガチュアの面からは、家族とのかかわりはほとんどが決別状態であるものの、入所前には家庭での生活を経験し、自身の家族の問題や状況を認識していることから「そういう（親の）血を引いてるんじゃないかなってちょっと感じてた（E982）」といったような親に対する悩みが継続することも多い。

④「家庭からの入所・退所タイプ」のライフチャンスの特徴

　全体を通じた「家庭からの入所・退所タイプ」の特徴として、施設入所前にはネグレクト等によって、基礎的オプションが欠如していることがあげられる。施設による養育の代替によって、基礎的オプションは回復し、義務教育の機会も回復する。さらに、高校卒業まで継続して施設で暮らすことで、課外活動への参加など、安定した学生生活が送れることもこのタイプの特徴といえる。

　一方で、家族のリガチュアは途絶えているか決別しており、入所中・退所後になんらかの支援が期待できるような状態ではない。そのため、退所後の生活を、若者自身で成り立たせる必要がある。オプションの確保はもとより、家族のつながりが期待できない場合には社会で孤立しないよう、退所後の施設とのつながりの維持や新たなつながりの獲得を支援しなければならない。

表5-2　Gさんのライフチャンス

G		オプション		リガチュア			生の不安定さ
入退所	年齢・進路	基礎的オプション	選択的オプション	家族	施設	社会	
		（−）経済的困窮		（−）親の就労問題		（−）孤立	
		（−）生活保護	（−）不登校	（−）親の障害		（−）いじめ・陰口	
	a	（−）不十分な食事	（−）学習の停滞	（−）支援の必要なきょうだい			
			（−）塾・習い事の断念	（−）きょうだいとの軋轢			
保護 入所	小学高	（−）保護				（+）周囲の助け	c
		（+）暮らしの改善	（−）恵まれた暮らし	（−）親との交流を拒否		（−）友人づくりの困難	（−）入所理由がわからない
			（+）転校	（−）親の行いに対する葛藤		（−）施設の孤立	
	b		（+）通学の再開			（−）勝手な流布	
			（−）塾・習い事の断念			（−）いじめ・陰口	
			（+）施設内学習			（−）差別	
			（+）学習機会の回復			（−）教員の対応の課題	
			（+）施設ならではの経験		（−）生活場の変更	（+）友人とのつながり	
			（−）厳しい日課	e	（−）養育者の変更	（−）友人関係を遮る規則	d
			（−）宗教・文化の強制		（−）施設の中での役割		
			（−）行動を制限する規則				
			（−）環境の制限				
	高校		（−）高校選択の制限				
			（−）行動を制限する規則				
	f		（−）大学進学の目的		（−）大学進学に関する対立		
			（−）大学等進学のハードル				
			（−）高卒就労の選択				
	高校3年		（−）就職先の消極的選択				
退所	就職		（−）保証人に困る			（−）境遇の詮索	
			（−）大学等非進学の評価			（−）差別	
			（+）大学等進学のきっかけ	g			
			（+）大学等進学の支援・方策		（−）大学進学に関する対立		
	大学進学		（−）保証人に困る	（−）親の障害	（−）秘匿の理由		（+）生い立ちへの直面
			（+）大学等継続の要因	（−）親の経済的問題		（+）社会参加	（+）継続する精神的葛藤
	就職		（+）大学等進学の評価	h			
			（−）保証人に困る				（+）当事者活動を通じた整理
			（−）就職先の積極的選択	i			（+）当事者としての活動

※小文字アルファベットでコードの関係性と記述の順を示す

家族からの支援が得られにくい「家庭からの入所・退所タイプ」では、施設の養育者からの積極的な取り組みがなければ、大学等進学が具体的な選択肢となることは難しく、進学希望者への支援策の提示と同時に、進学イメージがもてるような取り組みも求められる。

3) 再保護タイプ (O, P, Q, S, T, U)

　入所と退所を繰り返す「再保護タイプ」では、Qさんの事例を典型例にライフチャンスを分析する。Qさんは、経済的な困窮から家庭での生活が破綻し、小学高学年で保護される。施設での暮らしでようやく安心・安全を得たが、数か月後には親の希望により家庭復帰となる。家庭では、再度ネグレクト環境に置かれ、不登校に陥る。退所施設の職員の通告により、再度保護。中学生のときに同じ施設へ再入所となる。その後18歳まで施設で生活し、「自立退所」した。

　以下、Qさんのライフチャンスの状況を詳述する（表5-3）。また、全員の分析結果から、タイプの特徴についても枠の中に記載する。

①入所前の暮らし
a. 母親の家出と生活の破綻：リガチュア→オプション
　幼少期のQさんの家庭での暮らしは、ある日母親が出て行ったことで急変した。日雇い就労だった父の収入は不安定であり、家族は貧困状態に陥った。「ガスはもう止まってた。たぶん小学校〔低学年〕頃からずっと止まってる (Q74-2)」ような [ライフラインの停止] の状態であり、食事もカップラーメンばかりの不十分なものだった。このような状況では、学校に通うことは難しく、[登校できない家庭環境] であった。

　　基礎的オプションの制限
　　　上記の「家庭からの入所・退所タイプ」と同様、「再保護タイプ」の

家庭での暮らしも、基礎的オプションがきわめて制限された状況であった。「*何もないんだよ。電気も付かないんだよ、夜逃げ（した暮らし）って。……私たち子どもと〔親〕で寄り添って暗くなったら眠るみたいな生活なんだよ（U82-2）*」と語られるような衣食住の不足やライフラインが停止するような生活は、生きるための最低限のものの確保に追われ、とても学校に行ける状態ではなく、義務教育も欠如していた。

　さらに「再保護タイプ」では、ネグレクトだけでなく、6名中5名が身体的虐待、性的虐待などの虐待をうけている。この影響は、退所後にも精神的な課題となって継続していた。

②入所中の暮らし

b．保護による衣食住の獲得：オプション

　その後、父親の家賃滞納によって公営住宅を強制退去となり、Qさんは保護された。一時保護所では、それまでの学習の取り戻しができ、「*それ（一時保護所）で（勉強を）教えてもらったのが大きかった。けっこうそれで一ヶ月くらいはいたけど、それでだいぶ変わった思う（Q166）*」と、学習ができるようになったことの喜びが語られた。

　施設での生活は、食べるものがあり、電気が消える心配をしなくてもいい、安心な暮らしだった。家庭では通えていなかった小学校にも毎日通えるようになった。ずっと休んでいた学校だったが、通学することは不思議と嫌ではなかった。

基礎的オプションの獲得と家庭復帰

　このタイプでも、過酷な家庭の生活から、保護・措置されることで、基本的な生活が保障され、基礎的オプションは回復する。安定した生活が営めるようになったことで、義務教育の回復も図られていた。「*初めて朝起きて普通に登校してっていうのができて。楽しんでた（U110-2）*」と語られるように、安心・安全な生活を、施設の生活で初めて得る

ことができた。

③再保護前の暮らし

c. 家庭復帰で元に戻る：オプション

施設入所によって、ようやく得た安心できる暮らしであったが、Qさんは、父の引き取り希望によって1年もしないうちに家庭復帰となる。「僕ら（きょうだい）は帰りたくないって言った気がするんだけどね。でも、大人の事情で（家庭復帰）（Q302）」となった。

家庭復帰後には、あっという間に元の生活状況に戻ってしまう。食事も不十分であり、中学校にもまた通えなくなった。生活費を稼ぐために年齢をごまかしてアルバイトをしていたが、家庭は生活を維持できるレベルでなかった。Qさんは、「あれ（家庭復帰）は無駄だった気がする。あのまま施設にいたら、全然違う人生送ってたと思う。あの（家庭復帰していた）1年半は、全く無駄だった（Q290）」とふりかえる。

再度の虐待と主体性の剥奪

「再保護タイプ」では、親の引き取り希望や不十分な手続きによる家庭復帰で家庭復帰となるが、「家庭復帰するときも、……自分が悪いからまた違うところに行くんだって言う感覚（U731）」と語られるように子どもへの十分な配慮はみられない。

家庭復帰後の暮らしは、一時的な安定が見られる場合もあったが、6名すべてで元の保護理由が再発し、基礎的オプションおよび義務教育の機会が欠如した状況となった。再度の虐待の被害にあうことも語られ、「（親には）そのときは死んでほしかった（P433）」と深刻な状況が語られた。

こうして、再度の保護に至るが、生活場所の度重なる変更や意見の聞かれないままの移動は、「転々としてた。自分の身がどういうふうにこれからなっていくのかって、関心がないっていうか、関心ないわけじゃないんだろうけど、連れ回されるまま、振り回されるままに（U848）」

というように、主体性が剥奪され、あきらめの感覚を生んでいた。

高まる家族間の葛藤

　家庭復帰後の暮らしは、過酷な環境でも「過酷」と感じないような極限の生活であり、家族のリガチュアは強い葛藤関係にあった。「保護されたそのときにほっとしたのかとかいうのも記憶にないから、感情が麻痺したのかもしれない（U797）」と語られるように、精神的にも追い込まれていくことがわかる。

④再入所中の暮らし

d. 再度の保護：オプション、リガチュア

　こうした家庭復帰後に再度陥った困難な生活だったが、Qさん自らが周囲に助けを求める手段はなかった。「家にいたら、もう誰にも助けてもらえないよね。親に言っても、親が一番だめなんだから。それも子どもはわかってる。親に言っても助けてもらえないとわかってる（Q386-2）」「よく『困ったときには電話してください』とかよくあるじゃん。あんなの絶対電話しないじゃん……電話もお金もないのに（Q388）」という状態だったからだ。

　そのような中、元の施設の職員が個人的に家庭訪問してくれ、Qさんを食事に連れて行ってくれた。その後、この職員の通告により、再度保護される。その際、Qさんは、家庭には戻りたくないと施設入所を自ら希望し、同じ施設に再入所することになった。「（衣食住は）最低必要なものだけど、でもそれがあれば最高。それ以上の物はいらない。僕ら、それよりももっと下のところで生活してきたので。なので、そこから見ると、衣食住（がある）って最高ランクだね。……家もぼろぼろ、着る物はない。だいたい破れてるのばっかだから。電気も止められるしね。住宅環境も悪いし。それ（衣食住）があるっていうこと自体が施設に入る意味（Q842）」だったとふりかえる。

e.「親代わり」の存在：リガチュア

施設では、住み込みの職員を母代わりと思えるほど、Ｑさんは愛着をもっていた。「自分の中の親のような代わりの存在っていうのが一人いるっていうだけで良かった。いろんなつらいことがあったとしても、なんとかそこで乗り越えられるっていうか。そういう経験ができた（Q346-2）」が、一方で親とは決別し、施設内ではきょうだいのつながりも分断されていた。

f．進学可能性への気づき：リガチュア→オプション

Ｑさんは、施設で安定した生活を送り、高校に進学した。施設に来ていた学習ボランティアに学力を褒められ、自分にも大学進学の可能性があると気づくことができた。それまでは、「達成感っていうのを味わってないですから。自分ができるっていう感覚もないし、もともとできないと思ってるので。だから、自分も大学にいける存在なんだって教えてくれたのは、この人（学習ボランティア）だったと思う（Q554-1）」と語られるように、ボランティアとの出会いは重要な契機であった。

こうして芽生えた大学等進学の希望であったものの、前例のなさなどから職員の反対をうけ、［養育者との関係性の悪化］が生じてしまう。最終的には、新聞奨学生制度を利用し、大学へ進学を果たすが、［大学進学に関する対立］が退所後の関係性にも悪影響を及ぼした。

> **基礎的オプションの再回復**
>
> 「再保護タイプ」では、家庭復帰後に再び陥った過酷な環境からの再度の保護・入所によって、基礎的オプションと義務教育の機会は再び回復する。
>
> **親との決別と関係性構築の困難**
>
> リガチュアの面からみると、再度の保護・入所は、「親から解放されたこと（P261-1）」を意味し、最終的に虐待者を排除することで再び家庭へ帰るＯさんとＴさん以外は、この再度の入所が家族との決別となった。

　本タイプでは、施設と家庭との間で翻弄される中で、リガチュアも分断を繰り返すことになる。施設にも家庭にも安定した居場所がもてず、今後の生活にも見通しが立たないことで、継続した関係性を築くことも困難となる可能性がある。「大人に対して、何か助けを求めていいみたいな感覚はなかったと思う。それを拒まれる方が怖いって感じ（U811）」と語られるように、周囲と安定的な関係性を築く困難を感じることもあった。

⑤退所後の暮らし

g．教育機会が「生きる希望」：オプション→「生の不安定さ」

　大学進学後、Qさんは「朝刊配って、学校行って、夕刊配って」という過酷な新聞奨学生をやり抜き、大学卒業を果たした。この教育の達成は、Qさんの大きな自信になった。さらに、新聞奨学生で貯めたお金と特待生制度で大学院への進学を果たす。こうした経験について、「（人生が）回復するということで、僕の中で一番大きいなと思うのは、教育の機会が与えられたこと。自分に教育の機会が与えられて、そこで自信をつけられたっていうのは、自分の生きる希望っていうか。その自信がつくのはいろんな人によって違うだろうけど、僕はたまたま教育が合った（Q656）」とふりかえる。

h．「つながってしまう」血縁：リガチュア

　一方、決別したはずの親との関係には退所後も悩まされ続けた。再保護された時点で縁を切ったつもりの親子関係であったが、最近になって親の生活保護受給に関して、Qさんに扶養の確認通知が届いた。書類に記載されている内容から、親が生きていること、生活している地名がわかり、動揺すると同時に血縁はなかなか断ち切れるものではないと感じた。「だから、（親が）早く亡くなってくれると、僕の中でのこのいろんなストーリーが、全部が終わるんだけどって。施設の子ども時代のことの記憶がそれで全部きれいに片付いて。……（親が）生きているといろんな感情が浮かんでくるっていうか。なんで（自分は親に）会いに行かないのかとかさ（Q800）」と、血縁（戸籍）に

よって「つながってしまっている」状態が、苦しめられてきた親でもあっても、その親を支援しない自分を責めるといった精神的な葛藤を生んでいた。

そうした中でも、専門的なキャリアを重ね、結婚し、新たな家族を築き始めたQさんは、「新しい生活が始まってる（Q824）」と希望を語ってくれた。

大学等進学による回復

「再保護タイプ」の家庭とのつながりは葛藤の多いものであり、オプション面でも大学等進学に対する支援を受けられる期待は薄い。その一方で、施設の学習ボランティアとのかかわりや、熱心に進学を勧めてくれた職員とのかかわりによって、自身の進学の可能性を知り、全員が進学を果たしている。家族や施設に帰属感がもてないことで、「自分でやるしかない」という強い自立心が生まれ、社会での新たなつながりを積極的に求めた可能性もある。

こうした進学機会を得ることで、選択的オプションは高まり、大学院への進学や、海外留学を果たした人もいる。施設入所中において第三者から進学の可能性が提示されることや、進学の支援・方策の重要さがうかがえる。

「生の不安定さ」の課題

一方で、家庭と施設の間でゆれ動く生活は、多くの精神的な葛藤を生み、安定したリガチュアを築くことを難しくしていた。生活の場が転々とし、主体性をもてない生活であった反動は、希死念慮を生むこともあり、退所後にも生きづらさを継続させている。

また、家庭で虐待をうけたことでのフラッシュバックについても「大学の頃までは（親）に殴られる夢をよく見て、それで目が覚めるっていうこともありました（P407）」と語られ、「生の不安定さ」が退所後にも継続する課題となる。

表5-3　Qさんのライフチャンス

Q		オプション		リガチュア			生の不安定さ
入退所	年齢・進路	基礎的オプション	選択的オプション	家族	施設	社会	
		（−）ライフラインの停止	（−）不登校	（−）親の不在			
		（−）不安定な住居	（−）登校できない家庭環境	（−）親の就労問題			
	［a］	（−）不十分な食事					
		（−）家事の負担					
保護	小学高	（−）保護	（+）学習機会の回復	（−）途絶えた交流			
入所	［b］	（+）衣食住のある安心	（+）通学の再開				（−）入所理由の不明
		（−）不十分な家庭復帰支援		［c］			
		（−）家庭復帰の否定		（−）親の引き取り希望			
退所（家庭復帰）	小学高	（−）子どもの就労	（+）転校	（−）親の就労問題	（−）施設を求める	（−）助けを求められない環境	［d］
		（−）不十分な食事	（−）不登校		（+）個人的なアフターケア	（+）周囲の助け	
		（−）家庭復帰の否定	（−）通学文化のなさ				
保護・入所	中学前	（+）措置		（+）親との決別	（+）継続した関係		
		（+）衣食住のある安心	（+）施設内学習	（−）きょうだいの分断	（+）よい大人のモデル	［e］	
	高校		（+）高校生活の状況		（−）頼れない関係性		
			（−）大学等進学のハードル		（−）「施設は戦場」		
	高校3年		（+）大学等進学の支援・方策	［f］	（+）個別に対応する養育		
					（+）施設の中での役割		
					（−）大学進学に関する対立		
			［g］		（−）養育者との関係性の悪化		
退所	大学進学		（+）大学等継続の要因		（−）疎遠になる施設		（+）境遇からの解放
			（−）大学生活の課題		（−）ケア対象の限定		
			（+）大学等進学の支援・方策		（+）施設が拠り所		
就職		（+）保護・措置の肯定	（+）大学等進学の評価			（−）偏見	（+）施設生活の捉え直し
			（−）保証人に困る			（−）境遇を隠す	
結婚				（−）切れない血縁		（+）周囲の助け	
				（+）親のようなおとなにならない ［h］		（+）新しい家族	

※小文字アルファベットでコードの関係性と記述の順を示す

⑥「再保護タイプ」のライフチャンスの特徴

　次に、「再保護タイプ」全体の特徴について把握する。家庭で深刻な虐待により制限されていた基礎的オプションが、保護・入所により回復する。しかし、家庭復帰となった後、このタイプでは、再度オプションが制限され、生活が困窮している。再保護・入所によって基礎的オプションは再び回復するものの、入退所の繰り返しによって、基礎的オプションが左右され、ライフチャンスの制限が生じている。この入退所の繰り返しは、義務教育の機会などの選択的オプションにも影響を与える。

　さらには、身近な他者との関係性が分断を繰り返すことで、リガチュアを維持することも困難にさせる。特に再入所後は、家族と決別することが多く、退所後には一人で自立せざるを得ない。このことに対する自覚が強いため、積極的にアルバイトをして生活資金を貯めたり、大学等進学への意欲が高い傾向がみられる。そのため、施設の中でも、努力家の「エリート」とみなされるタイプであると考えられるが、一方で、これまでの経緯から周囲を頼れなかったり、家庭でうけた虐待の精神的な影響が継続していることも多い。こうしたことに対するケアや、奪われた主体性の取り戻しが大きな課題となる。

4）乳児院からの入所・退所タイプ（I, J, K, M, N）

　最後のタイプは、乳児院から措置され、児童養護施設へ措置変更後、家庭での生活を経験することなく、社会へ退所（自立）するタイプである。

　このタイプでは、Nさんを典型例に分析する（表5-4）。母子家庭で誕生したNさんは、乳児院から措置されていただろうと自身で推測する。措置変更で児童養護施設へ入所し、18歳で「自立」退所した。

　全体の分析から、タイプ全体の傾向についても、枠中に記載する。

①入所前の記憶・入所中の生活

a．施設が家：リガチュア→オプション

　母子家庭であったNさんは、誕生直後に乳児院に措置されただろうと推測している。父は不明で、母も写真でみたことがあるだけだった。その後、児童養護施設へ措置変更となったと考えられるが、「それ（施設）が普通だったから……一般家庭がどんなのかさっぱりわからないから（N544）」と語られるように、「施設が家」であり、当たり前の暮らしであった。

　施設で暮らしていることは、仲のいい友人に「普通に」開示しており、友人が施設に自由に遊びに来ていた。Nさんにとって、施設は「普通の本当に一般の家庭みたいな感じ（N156）」だった。

b．生い立ちは深く考えない：「生の不安定さ」、リガチュア

　小学生になると、Nさんはなぜ自分が施設にいるのか疑問をもつようになった。しかし、職員に聞いても話したがらないことから、聞いても無駄だという雰囲気を感じ取った。一緒に施設で暮らす年下のきょうだいも悲しませたくないという思いから、生い立ちや施設で暮らすことになった事情は深く考えないことにした。

　施設での暮らしは、不自由なこともあっただろうとふりかえるが、「それが〔自分〕の生活だから……何が不自由で、何が不自由じゃないかってのはあんまりわからなかった（N460）」。

c．反抗と怠学：リガチュア、オプション

　中学に入ると施設のホーム替えがあり、Nさんを担当する職員も変更になった。これをきっかけに生活が崩れ、職員への反抗が始まった。職員には「もうちょっとしっかり、叱ってほしかった（N532）」と反抗と同時にもっと自分とむき合ってほしいという気持ちも抱えていた。

　Nさんの生活は、昼夜が逆転し、中学校生活も怠学気味となった。Nさんの施設では、高校選択は自由にできたものの、成績が悪く、実際に選べる高

校はわずかだった。私立高校に進学後は、小遣いの少なさや携帯が持てないこと、運転免許が取れないことなど、一般家庭で暮らす友人との差を強く感じた。

　また、Nさんは勉強に苦手意識があり、「勉強したくなかった。一刻も早く（施設からも勉強からも）逃げ出したかった（N342）」ため、大学への進学はせず、就職することにした。「最初はそこまで金が貯まってなかったから、だったら住み込みにしちゃおうと思って（N364）」、住み込み就職の職場を選んだ。

親の不在と不透明な入所理由

　「乳児院からの入所・退所タイプ」の場合は、乳児院からの施設入所であり、多くの場合は、離婚や親の不在、養育困難の問題によって社会的養護のもとへ措置されたと考えられる。そのため、「最初にした生活がこれ（施設）だからそれが普通なのかと（思っていた）（M60）」と語られるように、物心ついたときから暮らしていた施設を「家庭」のように感じている。しかし、施設で暮らすことになった理由や家族状況についての具体的な説明をうけることは稀であり、わからないままであることが多い。

安定した基礎的オプション

　家庭を経験せずに乳児院からの入所となった場合には、幼少期から社会的養護の措置が継続しているため、衣食住などの基礎的オプションは比較的安定している。

　特に、自分には家庭復帰の可能性がないと感じていたIさんは、「（親が）亡くなったときに、自分はここ（施設）でしか生きていけないんだなって思った。……なんかこう、ここで生きていくしか仕方がないっていう覚悟があったっていうのはすごく大きかったと思う（I464）」と、生活の場が安定し、進路の見通しがもてたことの利点を語っている。

　同時に、帰る家がない「乳児院からの入所・退所タイプ」では、生活の場を維持するために施設での暮らしを継続することが重要であり、そのための高校進学や高校受験が大きなプレッシャーとなっていた。

入所中のオプション：進学イメージの欠如

　学業については怠学となる傾向があり、大学等進学の「イメージがない」など、高校卒業後の生活についてイメージがもちにくく、勉強のモチベーションにつながらない様子がうかがえる。これには、家族からの支援が受けられない場合の選択的オプションが限られること、加えて進学イメージのなさや進学可能性の提示のなさが影響していると考えられる。そのため、大学等進学のための特別な機会や支援のあったＩさん以外は、高校卒業または短大の中退となっている。

　唯一進学を果たしたＩさんは、自分の将来について、当初は施設で暮らす他の子どもたちと同様に、工場などへの住み込み就労になるだろうと考えていたが、他の施設から大学進学した退所者に出会い、自身の進学可能性について初めて考えたと語られている。

　「再保護タイプ」と同様に、進学の可能性の提示が重要であり、施設内外でのロールモデルなどとの出会いが効果的であると考えられる。

②退所後の暮らし

d．突然の母の登場と決別：リガチュア

　退所直後、今まで一度も会ったことのない母親が、突然Ｎさんの前に現れた。Ｎさんが退所し就職したことを理由に一緒に暮らしたいと言われたが、「今まで（施設に）全然会いに来なかったし、突然そんなこと言われても。別に（自分を）あなたの子どもとも思えないし、あなたのことを親とは思えないからって言ったら、向こうもどんどん怒り始めて（N502）」、母親に「縁を切る」と言われた。「そう簡単に切れるものだったら、切ってほしい（N526）」。これがＮさんと親との決別となった。

e．職場での差別・退職：リガチュア→オプション

　Nさんが住み込みで就職した職場では、保証人の名前が施設長であったことから施設で暮らしていることが周囲に伝わり、「施設で育ったくせに（N556）」「国の金で育ったんだろう（N558）」と、境遇を理由にいじめられるようになった。上司に異議を申し立てたところ、勤務シフトを勝手に変えられ、休みをもらえなくなった。体力が限界となり、Nさんは退職に追い込まれた。乳児院から18歳まで施設で生活してきたNさんにとって、初めて自身の境遇を差別された経験だった。

　住み込み就職だったため、退職とともに住居も失い、貯金も底をついた。生活費を借金して暮らしていたが、どうしようもなくなり、Nさんは退所した施設に相談した。そこで自立援助ホームを紹介され、「そのまま逃げるように、〔自立援助ホーム〕に（N596-2）」入所した。

f．新たなつながりの中で生きる：リガチュア

　新たな職場は境遇を気にしない環境で、現在も仕事を続けられている。最近では、当事者活動の集まりにも積極的に参加している。「（集まるメンバーが）ずっと施設にいたから、別にそんなに偏見とかもないし（N688）」、安心して集うことができる。Nさんにとって、この場が「なんか懐かしい感じだし。みんなで揃ってご飯を食べるって感じ（N870）」「『いただきます』をちゃんと言うのが、すごく懐かしい（N872）」と感じている。

　原家族にはもう期待していないが、自身の将来について、「未来とかあんま考えてない。でももし結婚して子どもが生まれたら、ちゃんと、そういう施設とかに預けないで自分で育てたいなっていうのは、ずっと思ってる（N452）」と語る。

> 退所後の「生の不安定さ」
> 　乳児院からの入所の場合、家族との交流はほぼない状態であった。それだけでなく、入所理由や家族の状況について、施設職員に聞きたくて

も聞けない状況となっている。しかし、家族が突然現れ混乱したり、入所理由や生い立ちが未整理であることによって「生の不安定さ」が生じてしまう可能性がある。この「生の不安定さ」の詳細は、次章のJさんの事例を参照されたい。

退所後の生活困窮

　退所後の生活では、家庭に退所した場合に得られるような住居や経済的な支援は得られにくく、経済的に困窮し、基礎的オプションも不十分な状況に陥りやすい。退所後の就職先として、住み込み就労が多いことも特徴であり、退職すると同時に住居を喪失することとなる。Nさんだけでなく、Mさんも同様の経験をしており、住み込み就労先を退職後、漫画喫茶で寝泊まりしていた時期がある。

　このように、住み込み就労を退職することは、即時に深刻な生活困窮に陥る可能性がある。そうした際にも、退所した施設に相談に行ける場合には、自立援助ホームや何らかの支援につながることができるが、施設に頼れない場合にはより深刻な事態に陥ると考えられ、借金や反社会的な行動によってしか生活を維持できないところまで追い込まれることもある。

③「乳児院からの入所・退所タイプ」のライフチャンスの特徴

　「乳児院からの入所・退所タイプ」は、乳児院から社会的養護のもとで暮らし、そのまま社会へ自立していくタイプであり、一度も家庭での暮らしを経験しておらず、親との交流もほとんどない。施設での暮らしが最も長く、施設を生活の場として捉えており、基礎的オプションも最も安定していると考えられる。一方で、集団生活の影響を最も長くうけるタイプともいえ、施設の養育が不適切だった場合には、心身のダメージが多くなる危険性もある。

　さらに、入所理由や生い立ちについて、正確な情報を知らされていないこ

表5-4　Nさんのライフチャンス

N		オプション		リガチュア			生の不安定さ
入退所	年齢・進路	基礎的オプション	選択的オプション	家族	施設	社会	
				（−）離婚・ひとり親家庭			
		[a]		（−）親の不在			
入所・乳児院？	？						（−）入所理由がわからない
措置変更？児童養護施設	？	（＋）施設の暮らしがすべて				[b]	（−）生い立ちを聞けない
				（＋）きょうだいとのつながり			（−）入所理由を聞けない
措置変更児童養護施設	小学低		（＋）課外活動の機会			（＋）境遇の開示	
			（＋）施設ならではの経験				
	中学		（−）中学生活の状況		（−）生活場の変更	（＋）友人とのつながり	
			（＋）施設内学習		（−）養育者への反抗	（＋）周囲の助け	
			（−）環境の制限		（−）養育者との関係の悪化		
	高校		（＋）高校進学の選択				
			（＋）自由な高校選択				
		[c]	（−）高校生活の状況		（−）身近な養育の希望	（−）友人関係を遮る規則	
			（−）施設と社会の差		（−）養育者への反抗		
			（＋）アルバイト				
			（−）行動を制限する規則				
			（−）高卒就労の選択				
	高校3年		（−）就職先の消極的選択				
退所	就職		（−）家族との再会			（−）境遇の詮索	
		[d]	（−）「親」と思えない			[e]（−）陰口・いじめ	
			（＋）親との決別			（−）差別	
		（−）経済的困窮	（＋）きょうだいとのつながり		（＋）相談支援	（−）職場での葛藤	
		（−）借金	（−）きょうだいの分断		（＋）資源の紹介		
入所 自立支援ホーム		（＋）措置				（＋）職場でのつながり	
退所			（＋）大学等非進学の評価	（＋）親に対するあきらめ	[f]	（＋）未来の家族の目標	（−）あきらめ・主体的自己の欠如
						（＋）当事者同士のつながり	

※小文字アルファベットでコードの関係性と記述の順を示す

とが多く、自分の出自について不明なことが多いのも特徴である。そのため、自信がなく、将来の目標をもちにくい傾向がある。

　また退所後に頼れる家庭がなく、一度躓くと一気に深刻な生活困窮に陥りやすいタイプであるといえる。

（2）ライフチャンスと「生の不安定さ」

　ここまで、調査協力者のタイプ分けを行い、入所による生活の場の変化に沿った分析枠組みを用いて、ライフチャンスの状況をオプションとリガチュアの面から検討してきた。しかし、第4章で述べたように、ダーレンドルフが規定したオプションとリガチュアだけでは、捉えきることのできない「生きること」の課題が見出され、概念的カテゴリー「生の不安定さ」として抽出された。

　この「生の不安定さ」の概念は、「アイデンティティ[1]の根幹にある『生まれ』と『生きる』ことのゆらぎ」と定義することができる[2]。社会的養護の領域では、この「生の不安定さ」がオプションやリガチュアの基盤をゆるがし、ライフチャンスに影響をもたらすものとして位置づくと考えられる。

　本節では、社会的養護のもとで育った若者の抱える「生の不安定さ」の課題について、変化のプロセスを追いながら試論的に検討したい。調査協力者の事例ごとの状況を検討すると、①「生」が混乱すること：自身の「人生」のアイデンティティやルーツがゆるがされること、②「生」が否定されること：保護者等からの抑圧によって、自身の「生命」が否定されること、③「生」が不明であること：自身の「生まれ」の状況が明らかでないこと、による「生の不安定さ」があることがわかる。さらに、これらの3つの「生の不安定さ」は、入退所によるタイプとそれぞれに近接性があることが示唆される。

　具体的には、家庭復帰により家族との密なかかわりが展開される「家庭復

帰タイプ」では、①「生」が混乱することによる「生の不安定さ」が生じやすい。また、幼少期に家庭生活を経験している「家庭からの入所・退所タイプ」と「再保護タイプ」では、ネグレクトを含む被虐待の経験を有している可能性が高く、②「生」が否定されることによる「生の不安定さ」を有しやすい。家族の状況や入所理由が不明であることが多い「乳児院からの入所・退所タイプ」では、③「生」が不明であることによる「生の不安定さ」が生じる可能性が指摘される。

　そこで、「生の不安定さ」の3つの状況について、多くの語りをもつ事例を代表例として、その分析結果をもって詳細を確認する。それぞれのプロセスは、タイプごとの分析と同様に調査協力者の語りを時系列とライフチャンスの概念枠組みに沿って分析した（126頁参照）。

1）混乱する「生」：家庭復帰タイプ

　まず、突然の境遇の開示によって、自身のアイデンティティが混乱した経験を語ったBさん（家庭復帰タイプ）の事例を検討する（表5-5）。

①入所前の「生」の状況
a．記憶がない
　幼少期に両親が離婚し、父親の養育困難によって家庭から児童養護施設に入所したBさんは、子どものころの記憶が欠落している。その理由について、「みんなそうかもしれないけど、私、子どものときの記憶がほぼない。あんまりないんです。全然。いい記憶があんまりなくって。施設の経験もほとんど、ピンポイントでしか（記憶がない）。よく覚えてるエピソードがあんまりなくって。わからないんですけど、誰かに言われたのは、たぶんよっぽどつらくて、記憶を勝手に消してしまってるのではないかっていうふうに言われた（B4）」と、自ら記憶を消去している可能性を考えている。
　わずかに残る家庭での記憶をたどれば、「喧嘩してるシーンは覚えてて。

お父さんとお母さんと。めちゃくちゃに喧嘩してるシーンは覚えてて、〔きょうだい〕の記憶はないんだけど、そこのシーンははっきり覚えてて、ふすまから見てるシーンは自分の中でいまだにずっと覚えてる。そのシーンしか、お父さんとお母さんが何かを共有というか、一緒にいる場面はそこしか記憶にはない（B20）」状況であった。

②入所中の「生」の状況

b．施設での暴力

　Bさんが入所した施設では、「当時は暴力があたりまえで。職員から子どもに、子どもから子どもにっていう暴力が。……それが普通だったから、口より手がばーんって出るし、私もすごくきつい職員からの暴力を覚えてる（B136）」。こうした暴力のある関係性の中で生活することで、「つらかったっていうのは、暴力とか（訴えても）、信じてくれない。おとなが何を言っても信じてくれないし、おとなの事は、先生の命令は絶対。年上の命令は絶対。逆らったら殴られるだったから。……嫌われないように必死に生きてきた。だから、いいのか悪いのかわからないけど、おべんちゃら使ったりとか、世渡りはうまいねって言われる。それは、なんとなく、顔色読むのもたぶんうまいんだろうなと思う（B150-2）」と自身の人間関係の築き方に影響をもたらしたとふりかえっている。

c．出自の混乱

　その後、幼少期に別れた母親が突然現れ、Bさんの気持ちがついていかないまま、急速に家庭復帰の話が進んでいく。そのゆれ動きに加えて、家族との交流の過程で、今まで知らされていなかった事実に次々と曝された。「（面会した親戚の）車の中で、〔外国語〕使ってて、『何だろう、この言葉は。聞いたことあるような気もするな。なんかなつかしいような気もするけど』（と思っていたら）……『知らなかったの？』って。『あなた〔外国籍〕よ』って言われて（B76）」、初めて自身のルーツを知った。この事実は、施設の職

員は知っていたことで、「(職員に聞いたら)『いつか落ち着いたら言うつもりだった』って言いやがった。……今、ふりかえってみて思うのは、施設にいて『落ち着く』っていつなんだって。子どもの状態が落ち着くっていつなのって。でも、子どもって……いつ出ていく(退所する)のかわからないし、皆タイミングはそれぞれなのに、それで落ち着くっていつよ、と。すごく、無性に腹が立つ(B102)」ことであった。Bさんにとって、自身の出自自体への混乱だけでなく、その事実を職員に隠されていたことも大きなショックを与えた。

　また、それまで記憶の中で慕っていた父が、母に対して暴力を振るっていたという事実も不用意に知らされる。「一方的に、ご飯食べながら(親戚から)聞かされたのが、お母さんは悪くないと。お母さんはこういう事情(父のDV)があったから……まさか(私が)施設にいるなんて思いもしなかったと(B78)」。それまで父親側からの情報しか得ていなかったBさんは、母親に「捨てられた」と理解していた。父親の面会も途絶えていたが、「私が、いけなかったなと思うのは、美化してるんだよね。自分の中でお父さんを。すっごくいいイメージに美化してる。絶対、お父さんいつか迎えに来てくれるけど、すごい今外国とか行きまくってて、すごい金持ちで、いつか迎えに来てくれるって思ってて。逆にお母さんは最悪なお母さんっていうインプットを自分の中でしてしまって。そこで、(母親が)見つかったときに、それが逆転されて。母親のイメージ像なんてなかったから。もし見つかったとしても、再会っていうイメージはお父さんと(という再会)のイメージがある中で、まさかの出来事。ギャップについていけない自分がいた(B660-2)」と大きな混乱が生じたことをふりかえる。

③退所後の「生」の状況

d. 偏見と退職

　Bさんの同意のないまま母親の家庭に引き取られた後、高校進学・卒業、さらに大学を卒業したBさんは、一般企業に就職した。しかし、上司から

毎日2時間叱られ続けるなどのいじめを受け、「最後には、Bさんは、……ちゃんとマナー教育ないから、だから施設の子はそうなのよ、とか（B552）」と言われるような、施設を「ネタ」にしたいじめに発展した。さらに、「（上司に）『あなた精神障害よ』みたいな（ことを言われた）。……あなた病院行ってきなさい、精神疾患の病院あるでしょ。精神的な病院行ってきなさいって言われて。なんで私が行かないといけないのって思って（B554）」と語られるような、強い侵襲をうけた。

しかし、Bさんは、「この（職場での）偏見は、私が悪いんだって思ってしまって。腹立ったけど、すごく腹立ったけど、悔しいって思ったけど、それを言い返せない自分が腹立つっていうか、悔しいっていうか、悲しいっていうか。なんか、マナーとか教養がないのは確かだけど、……施設っていうのをいかに知られてないんだっていう、がっかり感があったね。悔しさというか。そのときから、もうすごく腹立ってた（B566）」。こうして、Bさんは退職に追い込まれた。

④現在の「生」の状況

e. ありのままが受け入れられる

Bさんが転職した先は、多様な社会問題に取り組む職場だった。そこで、Bさんは、同僚に自身の境遇である「施設をカミングアウト（B484）」した。そのときの同僚の反応にBさんは驚いた。「いつもだったら、『言いにくいんですけど、施設って、児童養護施設って、親がいないとか保護者がいないとかっていうところで育ったんです』って言ったら、『それって言っても良かった？　ごめんね、そんなの聞いて〜』みたいな。泣かれたりして。煩わしいなと思ってたんだけど、同じ歳くらいの女の子（同僚）に、『私はこういうところ（施設）で育ったんです』って言ったら、『へー。で、昨日何食べた？』って（流された）（B488）」。「それが、何が良かったかというと、態度が変わらなかった（B492）」「（境遇について）言っても言わなくても態度が同じ（B495）」だった。この出来事は、Bさんにとって、「ありのままを受け

B		オプション		リガチュア			生の不安定さ
入退所	年齢・進路	基礎的オプション	選択的オプション	家族	施設	社会	
		(−) 借金		(−) 他文化の家族			
		(−) 心理的虐待		(−) 離婚・ひとり親家庭			
				(−) 親の行いに対する葛藤		a	(−) 記憶の欠如
入所	幼児期	(−) 措置	(−) 環境の制限	(−) 途絶えた交流	(+) 個別に対応する養育		(−) 記憶の欠如
		(−) 職員の不適切な養育		(−) 家族像の欠如	(−) 頼れない関係性		(−) 入所理由がわからない
				(−) きょうだいの分断	(+) 子どもの豊かな世界		(−) あきらめ・主体性の欠如
				(−) 家族との再会	(−) 「施設は戦場」	b	(−) 心身症状
				(−) 「親」と思えない	(−) 養育者への反抗		(−) 継続する精神的葛藤
		(−) 意見が聴かれない家庭復帰		(−) 親との交流を拒否	(−) コミュニケーションの不足		(−) 生い立ちへの直面
		(−) 不十分な家庭復帰支援	c	(−) 親の引き取り希望			
				(−) 関係修復の葛藤	(−) 不十分なリービングケア		
				(−) きょうだいの分断	(+) リービングケアの実施		
退所（家庭復帰）	中学3年	(+) 措置解除による集団からの解放	(−) 生活スキルの欠如	(−) 親に対するあきらめ	(−) 施設を求める	(−) 境遇を隠す	(+) 生い立ちへの直面
		(+) 親族の支援	(−) 集団生活による弊害	(−) 親の行いに対する葛藤			
				(−) 関係修復の葛藤	(+) 訪問の受け入れ		
	高校		(+) 自由な高校選択	(−) 親の精神的な問題	(−) ケア対象の限界		
			(+) 大学等進学の支援・方策		(−) 疎遠になる施設		
	大学進学		(+) 大学等進学の目的		(+) 個人的なアフターケア	d	
	就職	(+) 家庭復帰の肯定	(+) 大学等進学の評価	(−) 親のようなおとなにならない		(−) 陰口・いじめ	
						(−) 職場での葛藤	e
	転職			(+) 関係の再構築		(+) 境遇の開示	(+) 境遇の理解
				(+) 親への感謝	f		(+) 境遇からの解放
				(+) 親を許す			(+) 当事者活動を通じた整理
				(−) 支援の必要なきょうだい		g	(+) 当事者としての活動
							(+) 当事者同士のつながり

※小文字アルファベットでコードの関係性と記述の順を示す

入れてくれるっていうか。ありのままを普通に、オーバーじゃなく、普通に受け入れてくれた（B498）」と感じる経験であった。

この職場で、Bさんは自分で企画をしたり、地域のさまざまなマイノリティの人たちと活動をともにすることで、「自分はこんなこともできるようになった」と実感し、自信をつけていった。そして、「自分解放（B520）」と表現される、境遇の肯定化を感じている。

ｆ．親に対する感情の変化

さらに、親に対する感情にも変化が起こった。家庭復帰後には、家族としての違和感を感じたり、精神的に不安定であった母親と衝突することもあったBさんだったが、仕事で経験を積んでいく中で、親に対する感情が次第に変化していった。そして、「今、父親が嫌いなのか、母親が嫌いなのかっていうと全然全くそうじゃなくって、お父さんはお父さんですごい愛おしい。がんばって生きてたんだな（と思う）。お母さんもお母さんで、すごくしんどかったんだなってって（思う）。憎しみとかは、母にも父にもまったくなくって（B662）」という心境に至った。

それは、「（生活を）全部自分ですることの大変さ（を知った）。いかに母親がやってくれてたか。お母さんってすごい偉大な人なんだなって気づいた（B670）」ことによる感情の変化だった。

ｇ．感情の言語化と「自分を好きになる」

また、施設で育った当事者としての活動にも参加するようになった。そのことの影響について、「自分の感情を、感情だけで話すんじゃなくて、きちんと、どこにつまってるのかっていうところを、理解して、言語化できるようになったのも、ここが私の中では大きい（B524）」とふりかえっている。

さらに、「当事者活動始めて、いい意味も悪い意味も含めて、自分がいかに知らなかったんだなっていうか。知っていくにつれて……去年ぐらいから、向き合えるようになった頃から、自分のことがちょっとずつ好きになっ

ていってるでしょ。そのときぐらいから、他人をうらやましいなって思う感覚がなくなって。全然ない（B584）」と語ってくれた。

⑤Bさんの「生の不安定さ」とライフチャンス

　ここまでのBさんの語りからは、家庭復帰に至る過程において、これまで知らされていなかった自身の「生」に関する情報に一度に曝されることで大きな混乱が起こっていたことがわかる。さらに、退所後には、差別やいじめによって退職に追い込まれるなど、施設で暮らしていた境遇がネガティブな影響を及ぼしていた。

　しかし、Bさんは、新しい職場での人間関係の中で、自身の「あるがまま」を受け止められる経験をする。このことが、Bさんにとって境遇を肯定化する大きな転機となり、主体的な選択や当事者としての活動に従事するようになっていった。

2）否定される「生」：家庭からの入所・退所タイプ／再保護タイプ

　次に、虐待環境からの保護と家庭復帰を繰り返した「再保護タイプ」のUさんの事例を検討する（表5-6）。

①入所前の「生」の状況
a．過酷な環境と自覚できない

　Uさんはネグレクト状態の家庭で育った。家庭での暮らしは、衣食住が不足し、「冷蔵庫開けても、真っ黒になった腐ったバナナとか。『とか』って言っても、その程度しかないから。本当汚くって、シンクとかいっぱいお皿とかお鍋とかあって、そこにウジ虫がわいてるみたいな感じだった（U751）」と語られるように、不適切な環境だった。

　こうした過酷と思われる環境でも、Uさんは、「窮地っていう実感はなかったと思う。もっと小さいときもそういう環境だったわけだから、それ

は、当たり前だったから。ただ学校に行ったりとかして、自分の家は変なんだなと思ったけど、どういうのが心地よい環境で、子どもはそういう（心地よい）環境で生活をしてもよくて、それを望めば家庭からも離れられるみたいなことって知り得てなかった（U793）」と語る。

b．振り回されるまま

　さらに、飲酒の問題を抱えていた父によるDVや虐待、そこから逃げる母に連れ回され「夜逃げのよう」に転々とする生活だった。こうした生活は、今後の見通しを立てづらくし、また新しい環境での適応がUさんには常に迫られた。

　「私の場合は特になのかもしれないけど、転々としてたから。自分の身がどういうふうにこれからなっていくのかって、関心がないっていうか、関心ないわけじゃないんだろうけど、連れ回されるまま、振り回されるままに、って感じ（U848）」であり、親に翻弄され、自分自身の未来の生活については考えられないような状況だった。

　さらに、転居先での生活についても、「なんで引っ越したのかはわからないけど、……とにかくいっぱい引っ越してた。もう行く先々で近所の人とけんかしたりして、怒鳴ってたりとかするから、〔親〕のそういうの（行動）は、なんかすごい自己肯定感をすごい下げるものだったから。恥ずかしかったり、なんか普通じゃないっていう感覚（U785）」を強めていった。

②入退所を繰り返す時期の「生」の状況

c．感情が麻痺していた

　インタビューの中で、Uさんは、子どものころの感情や状況を覚えていないことに気づいたようだった。衣食住が不足していたことや、親と衝突したことについても、「あんまりおなかすいてひもじかったみたいな感覚とかは残ってないけど。もっとこうありたいとかそういう記憶は全くない（U781-1）」「そのとき、自分が何を希望してたとか一切覚えてない……母親から包

丁つきつけられたときも、どんな気持ちだったかは覚えてない。怖かったの
かとか。刺すんだったら刺したらいいっていうようなことを言ったような気
もするけど、言ったのか思ったのか、実際のところは覚えてない（U795）」。
こうして、感情が記憶にないことと、主体的に感情をもてる状態ではなかっ
たことが繰り返し語られた。

　これは、保護されたときや、入所したときの記憶についても同様だった。
「保護されたそのときにほっとしたのかとかいうのも記憶にないから、感情
が麻痺したのかもしれない（U797）」「自分が感じたこととかよく覚えてな
い。なんかなされるがままだから、やだなぁとかいいなぁとか、良いも悪い
もなくて、ここで暮らすんだなぁって感じだよね（U256）」と主体性を剥奪
された暮らしの中で、Uさんの希望や感情が麻痺していった。

d. 自分を異物と感じた

　残っている記憶の中で語られたのは、自身と周囲との違いについての感覚
だった。過酷な家庭での生活でUさんは不登校であったが、「（学校に行きた
くない理由は）なんか私、自分が普通じゃないっていうのをすごく感じるか
らじゃないかな。そのときに具体的にこういう理由とかわかんないけど、ふ
りかえったら明らかに自分の家はなんか、私が当時思ってたみんなの、普通
の感じと違ったから（U102）」であった。

　この感覚が決定的になった出来事について、「〔同級生〕がうちに迎えに来
てくれたときに、もうとにかく部屋が汚いからさ、玄関を開けて……人が住
む場所じゃないみたいな状況を見て（同級生が）すっごいびっくりした顔を
してたの。で、私はもうそれが決定打になって学校、たぶん休みがちだった
のが一気に行かなくなったと思う（U56-2）」とふりかえる。

　周囲の同級生の「正しさ」や優しさも、Uさんにとっては、自分との差や
自分の行いの悪さをつきつけられるようだった。「断片的にそのとき（家庭
生活）の記憶を思い出されて、すごく嫌だったのは、小学校の子が迎えに来
てくれたこととか、……その人たちが決して悪いわけじゃなくて、いいこと

してくれたんだと思うんだけど、ますます自分の置かれている環境とこの人
たちとは違う世界なんだっていうのを突きつけられる感じで。……自分は良
くないみたいな感覚はあった（U781-2）」と語っている。

　また、入退所が繰り返される中で、新たな学校や地域へ適応しなければな
らないことも、Ｕさんの負担となった。「しんどかったんだよね。適応する
の。なんかね、不平不満とか言えないじゃん。言えないというか、……とり
あえずそういう運びになるのねっていうのについていこうとするけど、でも
（同級生に）舌打ちされたり（されたら）嫌じゃん、みんなと方言が違うのと
かさ。だから、しんどかったんだよね（U280-2）」「方言も違うし、私は友人
関係とかそういうのにも慣れてないから、すごい自分が異物って感じがした
（U743-3）」。

e．自分がいていいのか

　また、3度の施設入所と2度の家庭復帰を経験したＵさんにとって、生活
の場が変わることは、「自分が悪いから、また違うところに行くんだっていう
感覚（U731）」だった。きょうだいの中で、自分だけが施設に入所したこ
とについても、「私がきょうだいに暴力をふるってたからだと思ってました
（U727）」と、自責の感情をもっていた。

　さらに、施設にいつまでいられるのかということも不透明で、「私は一応
〔親〕いるからさ、でも他に（施設で）一緒に暮らしてる子は親がいないよう
な子もいるわけで。なんか私なんかここにいつまでも居てもいいのかなーと
か、そういう、誰かに言われたわけじゃないんだけどそういうなんか、『自
分がいてもいいんだろうか』みたいな感覚は持ってた。『いつまでいれるん
だろう』とか、『ここいてもいいのかなぁ』みたいなね（U168）」と、入所後
にも生活の見通しが立てられないことの不安定さや所在のなさを抱えながら
暮らしていた。

③入所中の「生」の状況

f．頼っていいという感覚がない

　最後に入所した施設で18歳まで生活し退所したUさんだったが、「おとなに対して、何か助けを求めていいみたいな感覚はなかったと思う。それを拒まれる方が怖い（U811）」と語られるように、周囲のおとなを頼っていいという感覚をもてないでいた。

　そして、「誰かが自分のこと助けてくれたりするわけはないから、だから（バイトを）やってたよ。必要を感じてたから（U458）」と、早朝からのバイトを必死でこなしていた。それは、「誰かに言われたわけじゃないけど、でも、もう『高校卒業したら一人で生きてくんだ』ってのがあったから（U456）」と語られるように、自分で生活を支えなければならないという状況への強い自覚と切迫感からであった。

g．周囲のように楽しくない

　周囲の同級生の置かれた状況が自分とかけ離れていると感じていたUさんは、周りの同級生のように「楽しめない」と感じていた。「なんか別にみんなといるのが楽しいみたいな感覚はなかったから修学旅行とか、『はぁ、楽しくしなきゃなー』みたいな思いはあった（U422）」。

　退所後、フリーター生活を経て、進学した大学生活でも、切迫感や精神的な生きづらさの中、「強がってたのもあるだろうけど、もうちょっと普通の学生時代を過ごしたいなみたいな気持はあったけど（U647）」、そうはできなかったとふりかえっている。

④退所後の「生」の状況

h．生い立ちへの直面

　Uさんは、大学で子ども虐待について学んだ際に、自身の虐待体験についての気づきを得た。「〔大学生〕のときに児童虐待をテーマに私は〔勉強して〕、ちょうど虐待の定義とか、四つの定義とかいわれてたときで、なんか

全部自分（に）当てはまるから、『あー』って。そういうの考えたときかな、整理しようと思った（U234）」。そして、退所した施設を訪問し、当時の状況やルーツの場所をたどってみた。そして、母親が当時置かれていた状況についても理解していく。「*母親はたぶん、今で言ったら、DVケースみたいに逃げてたんだと思う。（ただ）配偶者間暴力みたいなのもなかったし、お母さんが逃げてるっていう感覚もなかったから、私だけなんか施設に入ってるみたいな（感覚）。その〔大学生〕のとき、聞いた話だと、逃げるのが大変だから、私だけ預けられてたみたいなんだけど、そういう感じはわからなかった（U741-2）*」「〔*大学生*〕*のときに、『（施設職員から）あんたのとこ（家）は大変だったからな』って言われて、……それ言われて、あぁ、母は父から逃げてたんだって。それで転々としてたんだっていうのは、〔大学生〕のときにようやくわかったって感じ。それもすぐに鮮明にって感じではなくて、『あー』って徐々に自分の中で整理されていったって感じ（U729）*」だった。こうして、生い立ちに直面し、少しずつ状況についての整理と理解に取り組んでいった。

⑤現在の「生」の状況
ⅰ.「死ねないから」目標をもつ

　しかし、Uさんの生きづらさはなかなか消えるものではなかった。困難をどのように乗り越えるか、という問いに対して、Uさんは、「乗り越え方か……まあ、一つは目標をもつことだよね（U607）」と語り、「それで奮い立たせてきた、かな。……まあ死にたくなったりするじゃん（U609）」「でもそれはいろいろ考えたらそれは、できないじゃん。でそのときに、どうせ命は限りがあるから出来ることをやろうって、思う（U611）」と、答えた。きょうだいや周りの人たちに迷惑がかかることを考えると自死することもできない。それならばと、目標をもって前向きに生きることを選択したUさんの切実な生き方が浮かんでくる。

171

表 5-6　U さんのライフチャンス

U		オプション		リガチュア			生の不安定さ
入退所	年齢・進路	基礎的オプション	選択的オプション	家族	施設	社会	
		(−) 不適切な環境	(−) 就学前教育	(−) 養育困難			
		(−) 不十分な食事	(−) 登校できない家庭環境	(−) 親の問題行動			
		(−) 万引き・窃盗		(−) 親の不在			
		(−) 心理的虐待					
		(−) 性的虐待					
		(−) 不安定な住居					
保護 入所（母子生活支援施設）	小学低	(+) 保護					
退所（家庭復帰）	小学低		(−) 親の問題行動				
		(−) 不安定な住居	(−) 転校			(−) 孤立	(−) あきらめ・主体性の欠如
		(−) ライフラインの停止	(−) 学校への不適応			(−) 友人づくりの困難	(−) 周囲との違いの感覚
		(−) 生活保護	(−) 登校できない家庭環境				
		(−) 不適切な環境	(−) 通学文化のなさ				(−) 記憶の欠如
		(−) 不十分な食事					
		(−) 万引き・窃盗					
		(−) 不安定な住居					
		(−) 性的虐待					
保護	小学高	(+) 保護				(−) 児童相談所のかかわりのなさ	(−) 記憶の欠如
		(−) 措置					(−) 入所理由の誤解
入所（児童養護施設）		(+) 暮らしの改善	転校				
		(−) 不十分な家庭復帰支援	(+) 通学の再開		(+) 個別に対応する養育		
			(+) 行動を制限する規則		(−) 養育者への反抗		
退所（家庭復帰）	小学高	(−) 不適切な環境	(−) 不登校				(−) 周囲との違いの感覚
		(−) 身体的虐待					
保護	小学高	(−) 措置	(+) 通学の再開	(−) 親の経済的問題	(−) 身近な養育の希望		(−) あきらめ・主体性の欠如
入所（児童養護施設）		(−) 職員の不適切な養育	(−) 学校への不適応			(+) 地域とのつながり	(−) 継続する精神的葛藤
			(+) 通塾			(−) 偏見	(−) 心身症状
			(+) 学習機会の回復			(−) 陰口・いじめ	(−) 周囲との違いの感覚
			(+) 中学生活の状況				
			(+) 施設内学習				
	高校		(+) 高校進学の選択	(−) 親の支える役目		(+) 職場でのつながり	
			(+) 高校生活の状況				(−) 孤独
			(+) アルバイト				
			(+) 海外渡航				
			(−) 高校生活の状況				
	高校3年		(−) 大学等進学のハードル				
退所	就職		(+) 積極的な就労先の選択就労	(−) 親の問題行動		(−) 助けを求められない環境	(−) 心身症状
			(+) 海外渡航				
	大学等進学	(−) 不安定な住居	(+) 大学等進学の支援・方策				
			(−) 大学生活の課題				(+) 生い立ちへの直面
	就職	(+) 保護・措置の肯定	(+) 親への理解				(+) 境遇をばねに
							(+) 当事者としての活動

※小文字アルファベットでコードの関係性と記述の順を示す

172

⑥Uさんの「生の不安定さ」とライフチャンス

　Uさんの語りをふりかえると、保護される前の環境で、ネグレクトによって基本的な生活を奪われたこと、虐待などによって侵襲されたこと、連れ回され生活の場が安定しなかったことの影響が、のちの精神状況にも影響を及ぼしている。このような家庭環境では学校に通うことは難しく、さらに同級生との違いの大きさがUさんに自身の異質性を強く感じさせた。

　また、入退所が繰り返されたことで、いつまで施設にいられるのかといった見通しも、ここにいていいという感覚ももてず、所在のなさを抱えていた。加えて、継続した養育者が不在であったことから、周囲に頼っていいという感覚を育むことも難しかった。そして、自立にむけての強い切迫感を抱え、周囲との差異をより強くしていった様子がうかがえる。

　希死念慮に曝されつつも、目標をもち、どうにか前向きに生きようとすることで、現在のUさんの「生」が保たれている。

3）不明である「生」：乳児院からの入所・退所タイプ

　最後に、乳児院から児童養護施設へ措置変更となり、18歳で退所した（乳児院からの入所・退所タイプ）のJさんの事例について検討したい（図5-7）。

①入所中の「生」の状況
a.「捨てられた」存在

　乳児院から児童養護施設に入所したJさんは、その理由について、施設職員から「家（族）が捨てたから、お前はここにいるんだって言われたから。捨てられたからここにいるんだって（J42）」と聞かされた。「（なぜ施設にいるか）教えてくれないというか、そういう言葉を出したときに、誰が育ててやったんだとか（職員に）言われる（J38）」とも語られるように、入所理由や生い立ちについて丁寧な対応はされておらず、おそらく事実とは異なる「捨てられた」という言葉が、現在もJさんを苦しめている。

b．親へのあこがれ

　Jさんの母親は一度だけ施設に会いに来た。親のことを知りたいと思ったJさんは、祖父母やきょうだいに尋ねてみたが、「そのことを話すと（親族が）すごい怒っちゃって、その話にはならない（J23）」ため、親のことがわからないままであった。

　これまでの生活であきらめたことについて、「親と会いたかった。叶わないことだけど（J210）」と語ったJさんは、「できることだったらお母さんの死ぬところは看取ってあげたいなって。それぐらい（の時期）に来たらなんで捨てたのとか（もう）聞かないよね。会えなくて死なれるのはつらいよね。やっぱり（後悔が）残ると思う（J216）」と、親に会うことを願い、「親孝行」したいと現在も思っている。

c．「変な子」である自分

　学校では、施設で暮らしていることでいじめをうけた。「変な奴だっていじめ受けて、（児童養護施設の）『養護』って名前がつくだけで、養護学校だろって言われたり……お前は特殊だとか……言われたからね（J108）」。「ましてや、施設の決まりで遊びに行けないからね。変な子だよね。（友達と）交わろうともしないし。交わり方なんか知らないし（J110）」と語られるように、周囲の偏見やマイナスのメッセージがJさんの中に取り込まれ、周囲との違いを強化していった。

②退所後の「生」の状況

d．生活困窮と孤独感

　その後、Jさんは、18歳で短大に進学し自立退所した。しかし、在学中に妊娠し、希望して入った短大を中退することを選んだ。結婚した相手は多額の借金を抱えており、その生活について、「（相手が）とにかくなんでも依存する人だから。疲れてたっていうのもあるよね。……転々としてて、借金がばれたら会社に頭が上がらなくなるじゃん。そういう関係でくるくる（夫が

仕事を）辞めてさ、行ったり来たりして、〔ここに〕来たときには疲れてたのよ。……勘弁してくれと思ったのよ。私、自分が行ったことない土地に行くのはすごくまいるのよ。ますます孤独感強まるし。私は順応性がないから行っただけですごく疎外感っていうか孤独感っていうか、また一人かって。もう動きたくなかったし。がんとして動かなかった。それで旦那は怒っちゃって、じゃあ俺行くからって行っちゃったけど。そんな感じで別居した（J234）」と語っている。こうして、配偶者の借金によって、土地を転々とする暮らしは、生活自体が困窮するだけでなく、社会につながりがつくれず、Jさんは孤独感を募らせた。

e.「誰か」にいてほしい

　このような経緯でJさんは、離婚し、一人で出産・子育てをすることとなった。「(出産は) 最初は不安でいっぱいだったから。親も誰もいないところで産んだから。一人で産んだから。すごくこわかったよね。産むこと自体のこわさもあったけど、親がその場にいない悲惨な感じ？この子は私以外の誰を求めて生きていくのって。やっぱり (誰かに) 抱いてほしかったって（J56）」と不安と悲壮感を語っている。

　さらに、Jさんは出産を経て感じたことについて、以下のように語ってくれた。「産んだときに (自分の) 親に対して憎しみが生まれるのかって思ったし、すごく不安だったよね。……どうして子どもを大変な思いして産むのに (自分を) 捨てたのかなって思うのかなって思ってたけど、産んだらどうして、こんな大変な思いしたのに置いていけるのかなって（J54）」と、母親の行動に対する疑問が湧き起こるようになった。

　また、Jさんの子育ては、孤立したものであり、「たまに息抜きしたいなと思うけど、預ける親がいないからできない（J190）」状況であった。そのような中、時には自分自身が大きな孤独感に襲われることもある。「子どもの前では笑ってるけど、(子どもが) 寝た後にどよんってなったり。静かになった部屋に一人でぽつんってなってるのがさみしくて。さみしさのあま

り、子どもを起こしたり、起きて起きてって起こしたり、自分のそばにいて
よって言ったり。さみしいから一緒に起きててよとか。疎外感は抜けないよ
ね。一人になるのが嫌。誰かにいてほしい（J208）」と痛切に語る。

③現在の「生」の状況

ｆ．過去を引きずって生きる

　現在、Ｊさんは、生活保護を受給しながら、仕事と育児に挑んでいる。
「（生活は）どうにかやってるよね。でも生保（生活保護）は気にするよね。精
神的にくる。周りにも言われるし（J188）」。そして、今も襲われる疎外感に
ついて、「今は職場とか見つかって落ち着いたけど、疎外感とか、すごくさ
みしいことがある。やっぱり一人なんだなって思うことあるし。もっと自分
が受け入れられてたらそういうことはなかったかなって。会社で嫌なことが
あったらやっぱり一人だって、どうせ受け入れてくれないんでしょって思っ
ちゃう。どうでもいいと思われてんだなって（J206）」。この語りが強く示す
ように、自身が「捨てられ」受け入れられることのない存在であったと感じ
ていることが、今もＪさんの根底に残り続けている。

　そして、施設生活での影響がＪさんに深刻な精神症状も引き起こしてい
る。職場で上司に注意されたときのことを、「（上司の）声がやけに（頭に）響
いて。もう、何状態っていうんだろうね。施設の先生が怒鳴ってるように聞
こえる。だから何かやらないと自分がやられるって思うから。やられたらや
り返すって思ってる（J266）」と語ってくれた。

　こうした状況を、Ｊさんは「過去を引きずって生きる」と表現する。「過
去を引きずって生きていくような感じだし。外見（では）見せないけど、内
面的なことはあるし。人には見せられないものはやっぱりあるし。子どもに
どうやって説明しようかなっていうのもあるし。どうしておばあちゃんがい
ないの？　パパがいないの？　って聞かれたときに、はぐらかせない。どう
やって説明しようかなって（J200）」と悩んでいる。

　そして、現在の生活は、「（100点中）50点か40点ぐらいかな？　満足って

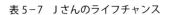

表5-7　Jさんのライフチャンス

J		オプション		リガチュア			生の不安定さ
入退所	年齢・進路	基礎的オプション	選択的オプション	家族	施設	社会	
				（ー）養育困難			
				（ー）親の不在			a
入所（乳児院）							
措置変更（児童養護施設）	2歳？						
			（ー）通塾・習い事の断念	（＋）きょうだいとの出会い		（ー）友人づくりの困難	（ー）入所理由を聞けない
	中学	（ー）職員の不適切な養育	（ー）中学生活の状況			（ー）友人関係を遮る規則	（ー）入所理由の誤解
			（ー）施設内学習		（ー）「施設は戦場」	（ー）教員の対応の課題	（ー）周囲との違いの感覚
	高校		（ー）行動を制限する規則			（ー）陰口・いじめ	c
			（ー）高校進学の選択				
			（ー）高校選択の制限		（ー）身近な養育の希望	（ー）境遇を隠す	
			（ー）高校生活の状況				
			（＋）大学等進学の目的				
	高校3年		（＋）大学等進学の支援・方策				
退所	短大進学		（＋）大学等継続の要因				
			（＋）大学進学の評価	b		d	
	短大中退		（ー）大学等継続の困難				
	結婚	（ー）借金		（ー）疎遠になる施設	（ー）家族を築く不安		（ー）継続する精神的葛藤
	出産	（ー）生活保護			（ー）子育ての悩み		（ー）孤独
	離婚	（ー）不安定な住居			（ー）新しい成員への説明	e	（ー）生い立ちの探求
	就職	（ー）保護・措置の否定		（＋）「家族」に対するあこがれ	（ー）親役割の希求		（ー）フラッシュバック
					（ー）職場での葛藤	f	（ー）心身症状

※小文字アルファベットでコードの関係性と記述の順を示す

いうわけにはいかないよね。自分がやりたいことはできてないかな。どうして社会はこんなにうまくいかないのって。うまく回らない。それがもやもやするよね。自分はこうしたいのに（J248）」と、今も続く生活の苦しさを語っている。

④Jさんの「生の不安定さ」とライフチャンス

Jさんは、乳児院からの入所という幼少期に社会的養護下に置かれたことも影響し、自身の生い立ちや家族の状況、また入所理由が正しく伝えられなかったことから自身の「生」の重要な部分が「不明」な状態であった。さらには「捨てられた」というネガティブなメッセージを受け取ったこと、施設の養育者からも不適切な扱いをうけたことで、自身の存在が誰からも受け入れられていないと感じ、疎外感や孤独感を募らせていった。

このJさんの疎外感や孤独感は、退所後にも継続し、自身に依存し搾取する配偶者との関係に悩まされることとなった。

離婚・出産を経て、より孤独感を強めたJさんは、自身の存在価値のゆらぎに加え、施設での不適切養育が精神的な影響をもたらし、PTSD様の症状や自傷行為を行うなど、現在も生きづらさが継続している。

4）「肯定にむかう生」の過程

ここまで事例の検討を通して、「生の不安定さ」について時系列に沿って確認してきた。インタビュー調査の中では、「生の不安定さ」だけでなく、多くの調査協力者から、境遇や生い立ちが肯定化していくことが語られている。ライフチャンスを支える基盤としての「生」が肯定化していくために必要なことを調査の結果から整理する。

①生い立ちの整理
入所理由の不明さ

特にBさんやJさんの事例からもわかるように、入所理由について理解

できるような説明がなされず、自身の生い立ちが不明であったり、曖昧であることは「生」の安定に大きな危機を及ぼす。

また、Jさんのように「捨てられたから施設へ来た」と聞かされたり、Uさんのように「悪いことをしたから」施設に入所したと理解している場合には、施設入所は「自分のせいと責めた」というような、環境や境遇に対して自責の念をもつことにつながることがわかる。

不明であるままの生い立ちを知りたいという感情は、退所後にも継続するものである。「親のことを知りたい」「親に会ってみたい」「親を探したい」「なぜ施設に入れたのか知りたい」といった気持ちは、納得できる事実がわかるまで繰り返される感情である。

生い立ちへの直面

こうした不明な生い立ちにも直面する時期が訪れることがある。この直面の背景には、生い立ちを他者から開示される場合と、自ら探索する場合の2つに大きく分けられる。また、他者から開示される場合でも、日々の生活やケアの中で適切に開示される場合と、意図しないタイミングで突然暴露されてしまう場合がある。たとえば、Kさんは、退所直前になって初めて親の情報が開示され、混乱した状態で退所している。一方、自ら積極的に生い立ちを探索する場合には、自分のルーツの地を訪ねたり、退所した施設を訪問することで生い立ちを説明されることもある。

自分自身の育ちについて知ることで、ルーツの覚知につながったり、自身の被虐待体験への気づきにつながっている一方で、生い立ちに直面することの葛藤もある。虐待されたことや生い立ちを知ることから逃避する心情や、専門的な学習の機会や施設での勤務によって自身の生い立ちに否応なく直面するしんどさも語られている。

生い立ちの整理

こうした直面の後には、さまざまな方法で生い立ちの整理が行われたこと

179

が語られた。上述したCさんのように、子育てを通じての生い立ちが整理されていくことや、Lさんのように、乳児院の職員から幼少期に愛されていた様子を教えてもらうことで、自身の存在の大切さに気づいていくこともある。

　また、当事者活動を通して、自身の生い立ちの整理や過去の虐待体験のふりかえりができたという調査協力者もいる。たとえば、Lさんは、自分の生い立ちについて、「普段（境遇を）考えることを避けて、全然考えないようにしてるから。〔当事者活動〕だったら、考えるじゃないですか。そういうのでいろいろ思い出したりして、整理できるようになった（L758）」と語り、そのことで「はじめて涙が出るようになった」と教えてくれた。

　Eさんからは、「当事者活動も……いろいろ考えるじゃん。そうしたら、育児放棄とかって言葉を聞いたときに、（自分の家庭は）それだ！とか思った（E1391）」と語られ、当事者の集まりを通じて、自分の生い立ちが徐々に整理されたり、家庭の状況を客観化できる機会となっていた。

　さらに、周囲に体験を話すことで、「語って、自分でまとめて、……話したことで、すごくすっきりした感があって（G986）」と語られるように、自身のこれまでの経験を言語化し、他者と共有することで、整理が進んでいく様子も示された。

②境遇の受け止め
経験が否定されないこと

　特に、自身の境遇が差別や偏見の対象となる経験をしている場合には、社会的養護で育ったことや家族の状況などを否定されない場の存在が自身の「生の肯定化」に大きな意味をもっていた。その場の一つとして、当事者同士の集まりの場があげられている。

　第5章で述べたように、差別をうけ退職に追い込まれたNさんにとって、当事者同士の集まる場所は、社会的養護に対して「偏見のない場」であり、「居心地がいい」場所となっていた。また、「安心感があるよね。例えば、

（他では施設のことを）一からいつも説明しないといけない。でも、（当事者活動では）その説明省けるわけよ。……（ここでは）自分の経験が話せて、絶対相手から否定されないっていうのがわかってるわけよね（I598）」と語られるように、当事者同士での語り合いの場が、共通の経験を基盤とした安心感によって境遇を気にせず話せる機会を提供している。

　また、Ｂさんの事例に象徴されるように、施設での暮らしの経験や境遇が、他者から「ありのまま」に受け入れられることが、境遇を「のりこえる」一つの契機となっている。

自責からの解放

　さらに、信頼できる他者からの客観的なメッセージが、自責の感情からの解放を促すきっかけとなっていた。当事者活動での支援者との出会いを、Ｉさんは「*〔当事者活動〕の〔支援者〕さんといろいろ話して、（これまで起こったことで）自分が悪いと思っていたことの多くは、『あなたは悪くなかった』っていうのをダイレクトに伝えてくれたよね。よく頑張ったって（言ってくれた）。それはめちゃくちゃ大きかった。私の人生においては（I584）*」と語ってくれた。また、施設に入所したことを自分のせいだと思っていたＳさんは、留学先での出会いから、自分に厳しすぎたことに気づき、「*（自分を）悪い子だとずっと責めていたことが、私は悪くないんだと思えた（S308 -2）*」と語ってくれた。

自らを受け入れること

　他者からの受け止めだけでなく、自分自身がこれまでの境遇をもつ自分を受け入れていくことも語られた。　職員や施設長からかけられた言葉が、自らの境遇を受け入れていく糧になっていることもある。「*最初は、自分は不幸だと思っていたんですよね。でもある職員から、別に不幸じゃないと、これは一つの生き方なのでみんな 10 人いたら、十人十色じゃないけど、みんな違う人生なんだから、これも一つの生き方なんだから、みんな違って当然*

だからって言われて、ちょっと軽くなった（S342）」と自分の境遇の受け入れのきっかけについて語っている。

　また、退所後に落ち込んでいたDさんに対し、施設長が「施設の子ども」が抱える困難さについて諭してくれた。「〔施設長〕（に）は『施設にいた子はそういう（自信がもてない）傾向があるから、そういうものとして生きていくしかないよ』って（言われた）。受け入れて生きていくしかないって。けっこう、〔他の退所者〕もそういう子が多いって。自分のことが好きになれないとか、いつもできてるか不安だとか。『僕からしたら、（あなたは）すごいできてるし、よく頑張ってると思うけど』……って言われて（D336）」、Dさんはこの言葉に強く納得し、「自身の境遇を受け入れて生きていくしかない」と感じた。

　こうした、境遇の受け止めは、自分自身の存在を受け入れ、大事にするという感覚につながっていく。Iさんは「〔大学生〕くらいのときから、自分を大切にしないと、誰にも大切にしてもらえないというか、自分を守るのは自分しかいないっていうのがすごい強くなって（I578）」、自分を大切にする感覚を得ることができた。また、上述のBさんのように少しずつ自分を好きになっていくことも語られている。

　そして、Dさんは「いくらでも自分の生きたいように、選べると思うんですよ（D601）」と、自分の人生を自由に選択できると感じられるようになったと語ってくれた。

③境遇の肯定化

境遇をばねに

　生い立ちや施設で暮らした境遇についての捉え方についても変化が語られている。その一つが、「境遇をばねにする」という捉え方である。「境遇を言い訳にしたくない」と人一倍の努力したことや幼少期の困難な暮らしをくぐり抜けて「ここまでやってきた」ことの自負を感じている。

　さらに、自分がつらい思いをしたからこそ、人の痛みがわかるようになっ

たと前向きに捉えていることも語られた。

境遇の意味づけの変化

　また、施設で暮らしたことの意味づけが、ネガティブなものから肯定的なものに変化することもある。たとえば、施設職員として働くことや福祉関係の勉強をするようになると、「かえって短大に入ってからはメリットだったんですね。福祉科だったので。（施設の）ツテでいろんなところに見学に行ってたりとかボランティアに行ってたりとか。短大の2年間は施設に入ってたことがプラスになってた（S314）」「その（施設で暮らした）経験もなんかまんざらでもないのかなって思えるように。この（施設職員の）仕事をしているのはそういう意味なのかなって（A360）」と語られるように、施設生活の経験を「役に立つもの」になったと捉え直していた。

当事者としての主体的な活動

　さらに、自身が社会的養護で育ったという「当事者性」をいかし、主体的な活動に従事することで、境遇が肯定化されていくことがわかる。その具体的な内容として、2点をあげることができる。

　第一に、社会的養護のもとで暮らす子どもたちに「自分の回復をみてもらう」ことで、「ロールモデル」になることができる点があげられる。特に、施設で暮らす中で、大学等進学や一般企業での就職イメージがない子どもたちが多く、退所した施設に限らず、自身の姿によってさまざまなロールモデルを提示することができる。「今の自分の、こんなに元気に回復したっていうのを（当事者の）メンバーにも見てもらえるっていうのもプラスだし（B601-2）」「（施設の）高校生を対象にして話してくださいって言われて話したんですけど、私がやってきたことでその子たちが、参考になることがあるんだったら、やりたいなって（D591）」と語られるように、若い世代に対して、自身がロールモデルになれることのメリットがあげられている。

　第二に、制度設計の場や施設の養育者に対して経験を伝えることで「当事

者の声が援助の現場にいかされるように」なる可能性について述べられている。たとえば、制度にかかわる人たちは「当事者の声を知るべき」で、「当事者の経験をケアにいかしてほしい」と語られた。「当事者の声っていうのをみんなが当たり前に聞く、それが援助の現場で普段からされるようになって、決めつけて大人が一方的に上から話すっていうのではなくて、（子どもが）どうなりたいっていうのを、主人公は自分なんだってことを、子どもが施設に入所してるときから（思えるような）、いろいろ生い立ちはあったけど、でもこれからの人生は自分（子ども自身）のものなんだっていうのが普遍的なものになるように、（自分の）できることはやっていきたい（U665）」。こうした当事者としての「主体的な啓発活動」によって自分の人生の「主体性を取り戻す」ことにつながる可能性が示された。

　これらの活動に共通するのは、自分のためだけでなく、「施設を出た若者のために」活動することで、「若い子をケアする順番」の役割を果たし、「支援される側からの脱却」ができるという点である。こうした支え合いのサイクルを経ることで、自身の経験を次の世代に役立てることができ、経験や境遇の肯定化が進むと考えられる。

（3）小括：ライフチャンスの質的状況

1）タイプごとのライフチャンス

　本章では、第一に調査協力者のタイプ分けによってそれぞれのライフチャンスを確認した。小括として、タイプ分けに用いた軸ごとにライフチャンスがどのように関連しているのか、改めて検討を加える。

①家庭からの入所と乳児院からの入所
　家庭での生活を経て施設入所する場合には、入所以前に養育困難による衣

食住の不十分さや、虐待・ネグレクトなどによる不適切な養育を経験していることが多い。そのため、衣食住などの基礎的オプションが制限され、家族のリガチュアが葛藤を抱えるもの（足枷的リガチュア）になる。入所により基礎的オプションは回復するものの、虐待などによる精神的な影響は長く継続することもあり、入所中からのケアが必要である。

　一方、乳児院から措置変更となり、児童養護施設に入所する場合には、社会的養護のもとにいつづけるために基礎的オプションは安定しているといえる。しかし、幼少期から施設での生活が継続していることで、養育者の頻繁な交代や措置変更を経験しており、十分なリガチュアが築けていない可能性がある。また家族のリガチュアがそもそも欠如している場合も多く、出自などのアイデンティティの根幹にかかわる重要な情報を知らされないままのこともある。こうした「生の不安定さ」によって、社会とのつながりにハードルが生じたり、将来の目標をもちにくくなることが指摘される。

②再保護・再入所の有無

　家庭復帰によって施設退所となる場合、徐々に家庭が再統合していく場合と再度の保護や入所が必要になる場合とがある。

　徐々に家庭が統合されていく場合は、入所前の家庭環境が離婚やひとり親家庭による養育困難の状況であることが多い。家庭での暮らしには、衣食住の欠如があるものの、これは入所により回復していく。家族のリガチュアは維持されていることが多く、入所中も頻繁な家族の交流が行われている。また家庭復帰後には、一時的な基礎的オプションの低下が想定されるが、施設のアフターケアをうけたり、子ども自身が家事を担うことで改善していく。反面、家族との距離が近いことで家族間の葛藤を抱えやすいことも指摘される。

　一方、家庭復帰後に再度の保護・入所が必要となる場合は、入所前の家庭環境がより深刻なネグレクトや虐待の状況であることが多い。また入所中の家族との交流も比較的少ない傾向がある。家庭復帰後は、すぐに以前の家庭

環境に戻り、基礎的オプションの欠如が生じる。さらに、家庭での虐待等により安心・安全な生活が脅かされ、再度の保護が必要な状況となる。上述した通り、度重なる生活場の変更は、リガチュアを分断させることとなり、生活基盤の見通しもつかず、不安定で主体性を剥奪された状況となる可能性が指摘される。

③家庭復帰と自立退所

施設からの退所は、家庭に戻る場合と、子ども自身の「自立」による場合がある。

施設から家庭復帰として退所する場合には、再度の保護を必要としない限りにおいて、家庭や親族から衣食住の提供や大学等進学への支援をうけやすい。

一方、自立退所の場合は、家族からの支援がうけにくいため、生活費や進学のための費用をすべて若者が自力で確保しなければならない。また、住居と就労がセットで得られるため、退所の際に住み込み就労を選ぶことも多いが、退職した場合には、途端に生活困窮に陥ってしまう可能性が高い。

2）ライフチャンスに影響をもたらす「生の不安定さ」

①生い立ちや境遇の整理の大切さ

さらに、本章では「生の不安定さ」の詳細と「肯定にむかう生」の過程について、インタビュー調査の結果から検討してきた。

事例を検討すると、「生の不安定さ」には、①「生」が混乱すること：自身の「人生」のアイデンティティやルーツがゆるがされること、②「生」が否定されること：保護者等からの抑圧によって、自身の「生命」が否定されること、③「生」が不明であること：自身の「生まれ」の状況が明らかでないこと、によるものがあった。

特に、「再保護タイプ」には、②「生」が否定されることによる「生の不

安定さ」がみられ、「乳児院からの入所・退所タイプ」には、③「生」が不明であることによる「生の不安定さ」が多くみられた。

　総じて、生い立ちの整理や入所理由の不確かさが、現在でも自身の根底をゆるがす課題として継続しており、「自分がどのように生まれ、なぜ施設で暮らしていたのか」という問いに応えられることなしに、自身の「生」を構築していくことは、非常に困難であることが想像される。

　インタビューの結果からは、こうした「生の不安定さ」に対して、生い立ちを知らされ「整理」すること、他者や自分自身によって「生」が受け止められること、境遇に肯定的な意味づけを行うこと、というプロセスを通じて社会的養護を必要とした自分の「生」が肯定にむかっていくことが示された。

　当然ながら、この肯定にむかう過程は、すべての退所者がたどるものではなく、たどらなければならないというわけでもない。また、生い立ちや境遇にまつわる「生の不安定さ」は、寄せる波のように繰り返すこともある。社会的養護を必要としたことが、たとえ「子ども時代」の一時期の出来事であっても、退所した若者たちにとっては、自身の「生」と切り離すことができない重大な出来事であったと推測される。この経験に伴って生じる「生の不安定さ」が、リガチュアに葛藤を生じさせ、（制限された）オプションからの実質的な選択を困難にし、ひいてはライフチャンスにも大きな影響を与えると考えられる。

②当事者活動の可能性

　また、「生の不安定さ」に対して、生い立ちを知らされ「整理」すること、他者や自分自身によって「生」が受け止められること、境遇に肯定的な意味づけを行うこと、という肯定にむかうプロセスのそれぞれに、当事者同士の集まりや当事者としての主体的な活動が有効な役割をもつことが示唆された。

　つまり、社会的養護のもとで育ったという共通の経験を基盤に、境遇が否

定されない場を提供すること、生い立ちや境遇をふりかえり言語化する機会を提供すること、また自身の「当事者性」によって、次の世代の若者を支え、制度に参画することなどの一連の活動が、自身の「生」を肯定化するプロセスにとって有用であると考えられる。

注

1　「アイデンティティ」の定義については、研究究領域ごとに、さまざまな使われ方がされているが、それらを大別すると、心理学で用いられる個人内での自我の「統一性」や「一貫性」を意味するアイデンティティと、社会学や社会心理学で用いられる集団ないし社会的カテゴリーの成員性に基づいた「役割」に近い意味でのアイデンティティに分類される。社会福祉用語辞典（山縣・柏女 2013）では、アイデンティティの定義を「エリクソン（Erikson, E. H.）によって理論化された自我の生涯発達の基本概念。①自分は独自で固有な自分であるとする『自己の斉一性』、②『時間的な連続性と一貫性』、③自他ともに何らかの社会集団への帰属感をもつ『帰属性』の3つの軸によって定義された自己意識の総体をさす」（山縣・柏女 2013: 3）と定義する。これは、前者の心理学領域での定義を用いていると考えられる。加えて、社会的養護のもとで育つ子どもや若者のアイデンティティに関する先行研究は、第2章で述べた通りである。

2　藤村（2008）は、〈生〉の構成要素として、〈生命〉〈生活〉〈生涯〉をあげ、これらはすべて英語 life の翻訳語であるとする。そして、「すなわち、life は〈生命〉でもあり、〈生活〉でもあり、そして〈生涯〉でもある」（藤村 2008: 264）とする。この指摘は、本書の主題「ライフチャンス」の「life」にも通ずるものである。

終 章

結論：社会的養護におけるライフチャンス保障

ここまで、社会的養護のもとで暮らす子どもや育った若者のライフチャンスの保障にむけて、ライフチャンス概念を「社会的に構築された選択肢（=オプション）と社会的なつながり（=リガチュア）の相互作用により決定される行動の機会」と定義し（第1章）、先行研究の到達点とライフチャンス概念を導入することの利点を確認したうえで（第2章）、オプションとリガチュアの視点から社会的養護措置解除後の生活実態について量的に把握してきた（第3章）。

　次に、社会的養護のもとで生活した21人へのインタビュー調査によって、ライフチャンスの質的把握を試みた。調査と分析の方法、および得られた概念について整理したうえで（第4章）、調査協力者のタイプからそれぞれのライフチャンスを分析し、さらにインタビュー調査から明らかになった「生の不安定さ」がライフチャンスに及ぼす影響についての整理を行った（第5章）。

　最後に、本章において、社会的養護のもとでのライフチャンスの状況と保障にむけた方策について考察し、結論とする。

（1）社会的養護におけるライフチャンスの構造とダーレンドルフとの差異

　これまでの社会的養護のもとで育った若者についての研究を概観すると、量的調査の不足はさることながら、質的把握においても、若者たちが直面する制度面の課題や人間関係の課題、生きづらさなどが、いずれかに偏って論じられたり、混在して論じられてきた傾向がある。

　また、若者についての「ライフチャンス」を論じた国内の先行研究では、進路選択の結果等に焦点を当てたものが多く、ライフチャンスが「進路の選択肢」に矮小化されていることも示唆された。

　そのため、本書では、社会的養護のもとで育った若者の生活状況や課題を体系的に把握するために、ダーレンドルフの提唱したライフチャンスの概念

を援用し、オプションとリガチュアの両面から検討を行ってきた。

　まず、本書で得られたライフチャンスの構造を確認し、ダーレンドルフの
ライフチャンス概念との差異を整理する。

1）2つのオプションと3つのリガチュア

　第1章で確認した通り、ダーレンドルフは、ライフチャンスをオプション
とリガチュアの相互関係で決定されるものとした。特に近代化を例にとった
説明では、前近代の強固な身分制度のもとにおけるリガチュアが足枷的なも
のであり、ライフチャンスを狭めていたとする。近代化により、この足枷的
リガチュアは解放にむかい、オプションが拡大していくのであるが、ある一
定の位置を越えてまでリガチュアが喪失すると、社会的なつながりや帰属ま
でもが喪失し、アノミー状態、「社会的真空状態」（Dahrendorf = 1982: 54）に
なるとする。こうなると、選択の意味づけが行えず、近代化に伴って拡大す
るオプションから、実質的な意味ある選択を行うことができなくなる。ダー
レンドルフによれば、現代に生じている諸問題は、こうしたリガチュアの状
況が引き起こしており、行きすぎたリガチュアの喪失は、生存のチャンスま
でをも危機にさらすと警鐘をならす。そのため、ダーレンドルフは、リガ
チュアの重要性とつながりの再構築を問うているのである。

　この前提を踏まえたうえで、ダーレンドルフの議論と本書で明らかとなっ
た社会的養護におけるライフチャンスとの相違を確認する。ダーレンドルフ
の論を借りれば、社会的に構築された選択肢が「オプション」である。本書
の対象とする子どもや若者のライフチャンスを考えるとき、このオプション
は「基礎的オプション」と「選択的オプション」の2つに大別された。ま
た、社会的な帰属やつながりを表すリガチュアも、家族のリガチュア、施設
のリガチュア、社会のリガチュアの3つに分類された。この分化は、ダー
レンドルフが（おそらく）社会成員全体を対象に理論を組み立てたのに対し、
本書の対象が子どもや若者であるため、家族から社会へ移行する過程が反映

されていると考えられる。もちろん、社会的養護を必要とした子どもにとっては、施設（ケア）のもとでのリガチュアも特有なものとして存在する。こうした関連により、本論では3つのリガチュアが提示される。

　この2つのオプションと3つのリガチュアの構成をもって、子ども期のライフチャンスを捉えてみると、一般家庭で育つ子どもでは、衣食住や安心・安全な生活を提供する基礎的オプションは安定したものであるといえる。この基礎的オプションの安定を基盤とし、成長するにつれて進路や就職の選択といった選択的オプションが拡大化していくというモデルを示すことができる。反面、成長するに従って、家族のリガチュアが結びつきを弱め、子ども・若者自身が社会とのリガチュアを新たにつくっていくことにシフトしていくだろう。

2）「生の不安定さ」の存在

　これに対し、社会的養護を必要とする子どものライフチャンスはどのようになるだろうか。総じて、オプションの制限とリガチュアの脆弱さが指摘さ

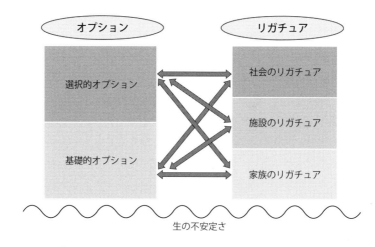

図終-1　ライフチャンスを構成する概念的カテゴリー（再掲）

れるが、さらに重要なことは、ダーレンドルフが規定したオプションとリガチュアだけでは捉えきれない、「生きること」の課題が見出されたことである。

　つまり、本書で「アイデンティティの根幹にある『生まれ』と『生きる』ことのゆらぎ」と定義した「生の不安定さ」がライフチャンスを極度に制限しかねないものとして存在している（図終-1）。換言すれば、社会的養護におけるライフチャンスを考えるとき、オプションやリガチュアを保障し、ライフチャンスを高めていくためには、「生の不安定さ」からの解放が重要な意味をもつと考えられる。

（2）社会的養護のもとでのライフチャンス

　こうした構造を把握したうえで、次に、社会的養護への措置によって回復するライフチャンスと措置下で制限されるライフチャンスとを整理する。

1）社会的養護のもとで回復するライフチャンス

①基礎的オプションの回復

　これまで述べてきたように、家族のもとでの生活を経験し入所に至る場合には、保護・措置前の環境が経済的困窮や虐待・ネグレクトによって危機的状況に陥っており、子どもにとって過酷な環境であることが多い。生活するのに必要な衣食住が不十分である子どもたちも多く、安心安全な生活が脅かされた生活であったといえる。こうした環境では、基礎的オプションはきわめて制限された状況である。

　このような状況から、保護され社会的養護のもとへ措置されることによって、貧困や虐待からの解放が図られ、少なくとも衣食住が保障された暮らしを送ることができるようになる。インタビュー調査で「最低限必要なものの確保が、最高レベルだった」と語られたように、安心・安全な生活を提供す

るということが社会的養護の大きな役割である。こうした基本的な生活の回復が、基礎的オプションを安定させ、ライフチャンスを拡大していくきっかけとなる。

②選択的オプションの回復

　社会的養護のもとで生命の安全が保障され、基本的な生活が営めることで、基本的オプションだけでなく、選択的オプションの回復も図られる。その大きな変化は、義務教育の回復である。保護以前の環境がネグレクトや不適切な養育環境であれば、生活するのがやっとであり、子どもの力のみで通学を継続することは非常に困難である。また、家族の「文化」が、教育に価値を置いていない場合には、義務教育であっても通学に対する親からの支援をうけることが難しく、むしろ登校を禁止される場合すらある。保護・措置されることによって、義務教育が欠如した状況から、義務教育への通学が回復し、「勉強をやり直すきっかけ」となる。

　東京都社会福祉協議会児童部会による「児童養護施設等の状況（統計資料）」の約10年分のデータを用いた二次分析の結果では、「不登校」の問題を抱える子どもの数が、「入所時」より「現在」の方が少なくなることが明らかとなっており（永野2013）、施設入所が義務教育の回復に影響をもたらしていることがわかる（図終-2）。

　義務教育の機会の回復は、学習機会の獲得にとどまらず、学校での部活や友人との出会いなど、新たな社会のリガチュアを生成することにもつながっていく。同年代の仲間との出会いや活動の経験は、「生き返った感じ」と表現されるほどで、貴重なものであることがうかがえる。また、学校教育の回復だけでなく、施設内の取り組みとして学習支援の機会が設けられている場合もあり、学習機会の回復も図られている。

　さらには、以前は低かった児童養護施設からの高校進学率も一定程度上昇し、高校進学のオプションを提供する役割も果たしているといえる。本書でも、インタビュー調査の協力者21名全員が、高校を卒業している。家庭復

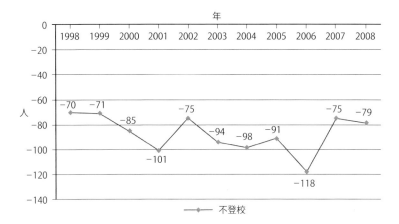

図終-2　「現在子どもが抱えている問題」と「入所時に子どもが抱える問題」との差
データ：東京都社会福祉協議会（1998～2010）　出典：永野（2013）

帰後に家庭から進学した場合もあるが、特に家庭で義務教育の欠如等を経験している場合には、施設入所によって高校進学ができたと感じていた。「施設に入所してなかったら高校に行ってない」、と語られるように、施設への入所が高校進学のオプションを用意したといえる。以上の状況から、社会的養護のもとでの生活は、基礎的オプションの回復を基盤に、一定レベル（高校進学）までの選択的オプションの回復を促すものであると考えることができる。

③家族のリガチュアの補完・代替

　リガチュアの面では、社会的養護のもとへの措置によって、家族のリガチュアに大きな変化がもたらされる。保護以前の時点において、家族がなんらかの問題を抱えている場合には、家族のリガチュアが足枷的な状態であったり、欠如した状態であったと考えられる。

　こうした足枷的または欠如したリガチュアは、社会的養護のもとへの保護・措置を契機に、一時分断され、施設の生活のもとで新たなリガチュアを

結び直す契機となる。つまり、社会的養護のもとへの措置は、新たな施設のリガチュアによって家族のリガチュアを補完・代替する役割をもつと考えられる。

2) 社会的養護のもとでのライフチャンスの制限

　一方で、社会的養護のもとで制限されたり、十分な回復が図られないライフチャンスも指摘される。

①選択的オプションの制限

　特に集団的な社会的養護の環境は、規則を用いた制限の多い生活になる傾向がある。このことで、日常生活におけるオプションの制限が生じ、ライフチャンスを縮小する。たとえば、日課や施設独自の行事で、ゆったりとした生活が営めず、「籠の中の鳥」と表現される不自由さが存在している。また、規則によって自由に外出できず、友人関係の制限も生じている。さらに、宗教の自由が奪われていたり、多文化への配慮がなされていないなどの、基本的な権利が保障されていない場面もみられた。このように日常生活におけるオプションの幅が制限されることにより、自分の意見が聴かれる機会や希望をもつ機会が奪われ、主体性の欠如や「あきらめ」が生じている。また、集団の支出をコントロールするために、進学する高校を制限される場合があり、教育を選ぶという選択的オプションが制限されることもある。

　こうした集団生活を維持するための規則や規制は、日常生活のオプションを制限するだけでなく、周囲の子どもたちの生活との格差を生んでいると考えられる。こうした周囲との違いは、自身の置かれた環境や境遇の異質性を強く感じさせることになり、これに偏見や差別の経験が重なれば、自分が「普通ではない」という思いを強化していく。社会的養護は、集団の管理のために生じるオプションの制限を自覚し、周囲との物理的・環境的な差異の

解消に取り組む必要がある。

　さらに、大学等進学にまつわる選択的オプションをみると、特に家族からの支援が期待できない場合には、大学等進学に大きなハードルが存在している。大学等進学の動機やきっかけは、施設の養育者へのあこがれや養育者からの可能性の提示によって生じていることが多い一方で、養育者からの進学の反対や奨学金制度等についての情報提供のなさによって進学が制限される様子も示された。大学等進学の可能性に対しても、インケアにおける養育者のあり方が大きな影響を及ぼしているといえる。

　特に、進学を希望しないという背景には、進学のイメージがないことや、自身の進学可能性への認識がない場合がある。進学可能性への気づきは、他の施設の当事者との出会いや施設の学習ボランティアとの出会いなど、養育者以外の第三者とのかかわりによって生まれていることも多い。進学希望者はもとより、選択的オプションの拡大のために、施設だけで完結せず、より広いつながりの中での支援が必要である。

②家庭復帰による基礎的オプションの制限

　家族とともに暮らす権利は、子どものもつ重要な権利であるが、家庭が提供できる基礎的オプションが不十分である場合には、子どもの生存のチャンスすら危機に陥りかねない。たとえば、家庭復帰した後の環境で再度の虐待やネグレクトをうけることは、基礎的オプションが再び剥奪される状況となる。さらに、保護・措置のたびに、生活の場と人間関係が分断され、どちらとも十分なリガチュアが形成できない事態を生じさせてしまう。

　インタビュー調査の結果からは、施設から家庭復帰をするにあたって、本人の意見を聞かれなかったり、不十分な家庭の状況での家庭復帰となっている様子が明らかとなった。不十分な環境への家庭復帰は、ライフチャンスを大きく制限する事態を招く可能性があることから、社会的養護を支える施設や里親家庭、および児童相談所など措置権者には、家庭復帰の適正な手順と判断、家庭復帰後の継続的な支援が求められる。

③「施設のリガチュア」の質と「家族のリガチュア」のつなぎ直し

　また、リガチュアの面からみると、社会的養護のもとでの生活は、原家族との分離と同時に、適切な養育者（施設職員や里親）との新たな社会的つながり（リガチュア）を結び始める契機でもある。しかし、集団での生活は、養育者を一人で独占することが難しく、また養育者の頻繁な交代によって、一番身近な存在の養育者とのつながりが脆弱となることも少なくない。

　さらに、養育者からの体罰や暴力、ともに生活する子ども間の上下関係や暴力は、依然として残されている社会的養護の大きな課題である。こうしたケアのもとでの関係性は、安定したつながりとは程遠いものであり、抑圧的なリガチュアを再び所有させ、ライフチャンスを制限するものとなる。社会的養護は、少なくとも保護以前の抑圧的リガチュアではない、安定した関係性を提供する責務がある。

　また、保護の後も家族の課題が継続されたままであることが多く、家族のリガチュアが葛藤を抱えたままである可能性もある。社会的養護のもとでは、実際的な家族の再統合にとどまらず、家族との適切な交流や家族の状況についての説明を行うなど、家族のリガチュアのつなぎ直しを図らなければならない。

　退所した後の暮らしにおいて、家族とのつながりも施設とのつながりも希薄であれば、若者たちは周縁化され、困難な状況に陥りやすいことも想定される。社会的養護は、巣立った若者たちを孤立・周縁化させないことが重要であり、そのためにはインケアにおける「リガチュア」を意識した関係性の構築が必要である。

④「生の不安定さ」への対応

　最後に、ほとんどの調査協力者が直面していた自身の生い立ちや境遇との対峙について検討したい。保護による足枷的リガチュアからの解放は、同時に、周囲が保持している「家族」という基盤から離れるということを意味する。一般的には家族という強固なリガチュアのもとにある子ども期に、（そ

の質の如何にかからわず）家族とのつながりが分断されることで、大きな葛藤が生じることになる。それは、「なぜ家族と（が）いないのか」「なぜケアのもとにいるのか」という問いかけである。こうした「生」にまつわる不安定さは、境遇やルーツの突然の開示により「混乱が生じる」こと、「家族から否定される」こと、「家族や出自が不明である」ことなどによって生じている。特に、家族の存在をある程度認識している場合と、「乳児院からの入所・退所タイプ」のように家族についての情報がほとんどない場合とでは、「生」に生じる不安定さが異なっている。

　しかし、こうした「生の不安定さ」に対して、社会的養護の措置下における対応は十分とは言いがたく、ケアに携わる養育者には「生の不安定さ」が生涯にわたってもたらす影響の再認識とそれぞれの抱える「生の不安定さ」に応じた「生い立ちの整理」などの取り組みが求められる。

（3）　社会的養護におけるライフチャンス保障にむけた社会の課題

　最後に、社会全体の課題として、社会的養護におけるライフチャンス保障にむけた課題を整理したい。

1）　社会的養護のもとで育った若者の「ライフチャンス・デプリベーション」

　本書で把握した社会的養護のもとで育った若者のライフチャンスには、社会全体との大きな格差があった。その格差は、量的には教育場面と経済状況においては顕著に表出し、教育機会では、高校中退率は一般家庭の子どもの10倍であった。また、米国の調査の知見では、大学等進学や修了は、生涯獲得賃金を大きく左右することが示されており、大学等進学の可否は、若者のライフチャンスに大きな影響を与えるものである。しかしながら、児童養護施設からの大学等進学率における、社会との格差と地域間の格差が明らか

となり、最も深刻な自治体では、児童養護施設からの大学進学率は自治体平均の 12 分の 1 にとどまっていた。

また、経済的状況では、本書の量的調査で把握した措置解除者の生活保護受給率は同年代の 18 倍以上であり、深刻な経済的困窮に陥る割合が非常に高い。家族による扶養も期待できず、自身の稼ぎに生活のすべてがかかっていることも少なくない退所者にとって、さまざまな理由で就労が困難になると、即座に重度の経済的困窮に陥る危険性がある。

こうした状況を鑑みると、社会的養護を措置解除された若者のライフチャンスは、社会的に剥奪されたデプリベーション状態であるといえる。こうしたライフチャンスの格差を解消するためには、社会的養護にまつわる関連制度の大規模な改革が必要不可欠である。そして、変革の推進力を得るためには、第一に、社会的養護措置解除後の実態をより正確に、かつ長期的に把握する必要がある。ここから、社会的養護の提供するケアの効果を評価し、改善点を見出さなければならない。

また、社会との格差だけでなく、地域間での格差が明らかとなったことをうけ、実態の把握は全国統一の基準で行われるべきである。さらには、施設とのつながりが切れ、不明となった退所者の現状を把握する方策を検討し、彼らの実態を調査からすら排除することのない方法が求められる。

2）オプションの制度的底上げ

ライフチャンスのデプリベーション状態を考えるとき、社会的養護を必要とする子どもたちは、早い段階から不利が集中した状況であり、ライフチャンスの制限をうけているといえる。彼らのライフチャンスは、基礎的オプションを中心に、入所中には一時回復する部分も見られるものの、措置解除後の生活においても不利が継続し、一般社会との大きな格差を有している。この「不利益」を克服し「脱出」できる若者は、少数派であると言っても過言ではなく、その多くは本人の人並み以上の努力や幸運の積み重なりによる

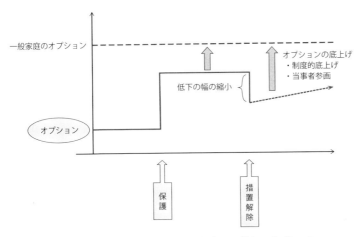

図終-3　社会的養護を必要とする子どものオプション

ところが大きい。

　マイナスからのスタートを余儀なくされている子どものライフチャンスを保障するには、制限されているオプションに対して制度的な底上げが必要であると考えられる。特に、退所後に基礎的オプションを含めた低下がみられることから、退所後に即座に生活困窮に陥らないよう、措置解除後のオプションの低下幅の縮小が必要である（図終-3）。

　こうしたオプションに対する制度的底上げは、社会的養護のもとで育つ子ども・育った若者のライフチャンスが社会全体との大きな格差を内包しているという点を鑑みれば、社会の責任として、また社会的正義の領域において正当性を担保し得ると考えられる。

　この場合、スティグマを伴わない「権利」としての制度でなければならないことは言うまでもないだろう。スティグマを伴わない制度的底上げの方向性を定めるには、当事者の主体的な参画が鍵であると考えられる。当事者がニーズの所有者としての主体性をもち、制度設計や評価に参画することは、真のニーズ充足に有効な視点である。さらに、周囲から定められた方法でなく、当事者が主体的に参画・決定することで、スティグマを伴わない改革が

可能になると考えられる。にもかかわらず、社会的養護分野での当事者参画はほとんど進行しておらず、国際的な観点からも非常に遅れをとっている[1]。

　社会的養護の分野においても、当事者が受けたケアを評価し、制度に参画することで、当事者の意見が反映されるだけでなく、自身の経験に肯定的な意味づけが可能となり、制限されたオプション拡大に寄与するものと考えられる。

3）社会の中での新たなリガチュア

　リガチュアにおいては、保護以前の家庭における脆弱な（あるいは足枷的な）リガチュアと、保護によるリガチュアの分断、さらに社会的養護の措置下における不十分なリガチュアの生成の状況が示唆されたところであるが、特に施設を離れる措置解除直後には、それまでの基盤だった施設のリガチュアが一気に減少傾向となることが指摘できる。

　退所後も施設とのつながりを維持し、緩やかに社会とのつながりを構築していくことが望ましいと思われるが、本書の量的調査からは退所後3年度間

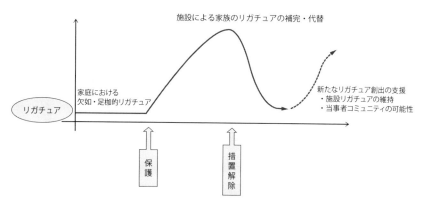

図終-4　社会的養護を必要とする子どものリガチュア

にすでに約3割の退所者と連絡がとれないことも明らかとなっており、措置解除後に退所した施設を頼りにくいことや増え続ける退所者に対応する施設の限界も指摘される。

　社会の中で孤立せず、新たなリガチュアを築いていくためには、施設のリガチュアに限らない社会の広範なネットワークや仕組みが求められる。その新たな可能性をもつと考えられるのが、当事者によるコミュニティである。第5章で述べたように、社会的養護における当事者活動は、経験の共有を基盤とした「居場所」としての集いやすさをもっており、新たなリガチュアのきっかけとなり得る（図終-4）。

4）ライフチャンスの基盤となる「生」の重要性

　しかし、社会的養護を巣立った若者の抱える「生の不安定さ」を、どのようなリガチュアのもとで解決してゆくかについては、きわめて困難な課題であることが示唆された。

　出自が不明であったり、自身の「生」が否定されてきた若者たちに対して、社会的養護の措置下におけるケアは不可欠ではあるが、そのうえでも「生の不安定さ」や生きづらさが、退所後にも継続する可能性があり、「生きることの課題」がその後も続くこともある。この「生の不安定さ」は、時として保護により保障された生存のチャンスを、再び危機に陥れてしまうほどである。

　本書では、この課題に対する完全な解決策を得ることはできないが、第5章で述べたように、施設職員のかかわりだけでなく、家族との関係の再構築や友人や教員とのつながり、職場でのつながりなどのリガチュアの中で、自身の「生」を肯定的に受け入れていくことが語られている。また、教育機会を得ることで生きる希望を見出すなどのオプションの高まりを通じて、主体的な「生」を獲得していく様子も見出された。さらには、当事者同士の集まりや当事者としての主体的な活動が、自身の「生」や境遇の肯定化に導く可

能性も示唆された。

　しかしながら、生涯にわたってライフチャンスの根底をゆるがす「生の不安定さ」については、重篤な課題であり、さらなる検討が必要である。

（4）本書の到達点と残された課題

　本書では、ライフチャンスという概念を枠組みに、それを構成するオプションとリガチュアの状況を質・量ともに把握し、社会的養護のもとで育つ子どもや若者の社会的選択肢の制限と社会的つながりの分断を明らかにした。また、この２つの視点からは捉えきれない「生の不安定さ」についても、一定の示唆を得られたと考えられる。

　しかし、ライフチャンスの概念を提唱したダーレンドルフも「ライフ・チャンスの概念とその諸要素を定義づけ、操作可能なものとするのはそれほど容易ではない」（Dahrendorf＝1982: 106）とし、「とりわけ、オプションとリガーチャーの観念上の識別と、概念上の組合せに関する問題」（Dahrendorf＝1982: 116）があると指摘している通り、オプションとリガチュアの分析上の操作や区分の明確化には課題が残されている。

　さらに、社会的養護の形態に関する課題も残されている。本書では、序章で述べたように、形態論争に矮小化せず、公的養育制度としての社会的養護のあり方を検討することを重視したが、社会的養護が小規模化・地域化の変化の中にある以上、里親家庭等での養育と施設での養育との相違についても検討が求められている。

　そして、何より「ライフチャンスを保障する」社会的養護が実効性をもつために、オプションの拡大とリガチュアの維持・創発を進めていかなければならない。このために、当事者活動・参画の体系化をはじめ、社会的養護の現場やそのもとで育つ子ども・若者に還元できる研究・実践を継続していくことを今後の課題としたい。

注

1　英国では、社会的養護の当事者参画は 40 年前にすでに具現化している。1976 年に世界で初めて開かれた「『養護児童の声』会議」（津崎 2010: 16）の成果物として出された「Who Cares?」は大きな衝撃を与え、英国国内でも当事者の声を聴く組織的活動が誕生していった。また、カナダ、オーストラリア、ニュージーランドなど英国と関係の深い先進国に瞬く間に広がった。米国にも全州を通じたフォスターケアのもとにいる若者のネットワークが存在している。

　一方、日本における社会的養護の当事者活動の歴史は浅く、2001 年に大阪で誕生した CVV（Children's Views and Voices）に始まっている。その後、2006 年には、東京に「社会的養護の当事者参加推進団体　日向ぼっこ」が誕生し、以降、千葉に「社会的養護の当事者参加民間グループ　こもれび」、名古屋に「社会的養護の当事者推進団体なごやかサポートみらい」、鳥取に「地域生活支援事業　ひだまり（レインボーズ）」、2009 年には栃木に「社会的養護の当事者自助グループ　だいじ家」が結成された。2015 年現在、約 10 の団体がある。活動内容については、①社会的養護のもとで育ったという共通の経験を基盤として、相談支援等のアフターケアや居場所を提供するもの、②講演やさまざまな媒体を通じて、当事者としての意見や声を発信するものに大別される。また、運営方法をみると、法人化や事業化をしている活動と、自主的な集まりとして個別的に活動している団体がある。現在の傾向では、組織的にアフターケアを担う活動と個別的な活動としてアフターケアと意見の発信の両方を行う活動が主であり、欧米で主軸となっている組織的なアドボケイトを行う団体は非常に少ない。

おわりに

　2017年夏、日本の社会的養護制度は、大きな転換点を迎えています。厚生労働省の設置する新たな社会的養育の在り方に関する検討会から「新しい社会的養育ビジョン」が出され、これまで以上のスピードと熱量で、社会的養護の形態が論議されるものと思われます。しかし、本書でも指摘してきた通り、社会的養護が果たすべき役割は、その形態によって左右されるものではありません。社会的養護の中で（形態にかかわらず）何を保障するべきなのか、それは、本書を通じて示してきた「ライフチャンス」の保障なのだろうと思います。

　これまで10年以上の間、社会的養護のもとで育った当事者の方々と活動をともにし、その中で多くの出会いがありました。特に、社会的養護を必要とし、多くの不条理の中で、過酷ともいえる環境を生き抜いてきた皆さんの明るさ、力強さ、優しさに、私自身が救われてきました。一方で、まさに「生」の危機にある方々、この間に別れてしまった方々の姿が次々と浮かんでいます。

　本研究は、こうした方々の強さと苦しみをみつめ、これからの子どもたちが同じような困難を抱えないための一助を得たいと始めた研究でしたが、終始、研究・実践の両面における自身の不甲斐なさとの対峙の連続でした。

　特に、インタビューの分析においては、根拠を示すために「客観性をもって、科学的に」分析しなければという思いと、これまで出会ってきた方々をその「対象」としている自分の立場に混乱し、強く苦悩しました。夢の中で、会えなくなってしまった方々との喧嘩や和解を繰り返しながら、最後にはきっといつかは伝わるだろうと信じて、本書を書き上げることにしました。どうか、この本が社会的養護を必要とする／した方々を裏切らないもの

であることを願います。

　本書は、2015（平成27）年度に東洋大学大学院福祉社会デザイン研究科へ提出した博士論文「社会的養護におけるライフチャンス保障―児童養護施設退所者の生活状況に関する量的・質的分析から―」の一部を加筆・修正したものです。博士前期課程を入れると9年という長い大学院生活にお力添えいただいた多くの方々へ、お礼申し上げます。

　主任指導教授をお引き受けいただいた小林良二先生には、博士前期課程から懇切丁寧なご指導をいただき、感謝の意を十分にお伝えする方法がみつかりません。ご多忙な中、夜間・休日問わず、一学生の研究に真摯にむき合ってくださいました。煮詰まっているころ、夜中にかかってきた電話口で「ずっと考えていたんだけど、あなたの研究についてひらめいたよ！」と興奮して話されたことは、忘れることがありません。（なかなか提出できなかったからなのですが、）先生のご指導をいただいた最後の博士号取得者になったことは私の誇りです。「言うことを聞かない」と評される学生でしたが、先生のお姿を今後の自身の目標としていきたいと思います。

　副指導教授を担ってくださった佐藤豊道先生、審査いただいた秋元美世先生、森田明美先生、また学外審査員をお引き受けくださり（現在の受け入れ研究室となってくださっている）日本女子大学・林浩康先生におかれましては、半年以上にわたる博士論文の審査において、丁寧ご指導をいただき、本当にありがとうございました。先生方のご指摘にお応えできなかった点については、今後も考え続けていく所存です。

　また、幸いなことに博士後期課程の初めから研究にまつわる職務を得ることができ、今日があります。山本恒雄先生・柏女霊峰先生・才村純先生はじめ旧日本子ども家庭総合研究所の皆さま、前職の日本社会事業大学・有村大士先生、木村容子先生に深く感謝いたします。

　さらには、研究チームに加えてくださった大阪府立大学・伊藤嘉余子先生、定期的な研究会でいつも励ましと刺激をくださった佛教大学・長瀬正子

先生、伊部恭子先生、名古屋市立大学・谷口由希子先生、立正大学・新藤こずえ先生、突然の訪問にもかかわらず、温かく迎え入れてくださった北海道大学・松本伊智朗先生と研究室の皆さま、英国におけるライフチャンスに関するご教示と励ましをくださった京都府立大学・津崎哲雄先生、カナダでの生活や調査を支えてくださった Dr. Kathryn Goldfarb、Ms. Wendy Sashikata、髙岡昂太先生、Koko Kikuchi さん、Yoko Nakamura さんには、これまでのお礼を申し上げるとともに、今後も引き続きのご指導をお願いしたく存じます。

　恩師・故髙橋重宏先生と故庄司順一先生にも、ようやく本書をもってご報告ができます。研究を始めた時期に先生方にお会いできたことは自身の最大の幸福でした。これからも社会的養護の問題に真摯にむき合っていくことで恩返しをしたいと思います。

　研究活動に際しては、2012年度にはユニベール財団研究助成を、2015年度からは日本学術振興会特別研究員に採用いただき、研究に専念することができました。本書の出版にあたっては、東洋大学より平成29年度井上円了記念研究助成（刊行の助成）をいただき、刊行を実現することができました。厚く御礼を申し上げます。また、明石書店の大野祐子さん、丁寧な編集作業をしてくださいました小山光さんに感謝申し上げます。

　こうしてふりかえってみると、本当に多くの方々と機会に支えられ、自身の「ライフチャンス」があったのだと感じています。

　何より、インタビュー調査に協力いただいた21名の方々、調査を共同させていただいた施設関係者の皆さま、またアンケート調査にご協力いただいた施設関係者の方々に、感謝と敬意を表します。

　多くのお力添えをいただき、ようやくまとめることができた本書が、制度変革の大きな渦中にあるこれからの社会的養護にわずかでも貢献できることを願い、これからも研究・実践に尽力したいと思います。

最後に、長期に渡る院生生活を理解し、応援してくれた家族、特に研究に集中すると「戦闘モード」と称される状況に陥る私との共同生活に耐え、支えてくれた夫と愛猫に改めて感謝します。

2017（平成 29）年　8 月

永野　咲

初出一覧

〈第 1 章〉

永野　咲（2014）「社会的養護における『ライフチャンス』概念」『東洋大学大学院
　　紀要』50, 119-137.

〈第 3 章〉

永野　咲（2012）「児童養護施設で生活する子どもの大学等進学に関する研究―児
　　童養護施設生活経験者へのインタビュー調査から―」『社会福祉学』52（4）, 28-
　　40.

有村大士・山本恒雄・永野　咲・ほか（2013）「児童養護施設におけるアフターケ
　　アの専門性と課題に関する研究」『日本子ども家庭総合研究所紀要』50.（http://
　　www.aiiku.or.jp/aiiku/kiyo/49pdf/49-111.pdf, 2015.4.19）

永野　咲・有村大士（2014）「社会的養護措置解除後の生活実態とデプリベーショ
　　ン―二次分析による仮説生成と一次データからの示唆―」『社会福祉学』54（4）,
　　28-40.

永野　咲（2015）「施設退所後の生活実態を捉える」『世界の児童と母性』79, 47-51.

〈第 4 〜 5 章〉

永野　咲（2012）「児童養護施設で生活する子どもの大学等進学に関する研究―児
　　童養護施設生活経験者へのインタビュー調査から―」『社会福祉学』52（4）, 28-
　　40.

永野　咲（2013）「児童養護施設からの家庭復帰経験者へのインタビュー調査」『児
　　童養護施設からの家庭復帰ケースの養育支援における市町村と施設との連携に関
　　する研究―養育支援訪問事業と施設職員によるアフターケアとの有機的連携―
　　（主任研究者伊藤嘉余子）』財団法人こども未来財団平成 23 年度児童関連サービ
　　ス調査研究事業報告書.

永野　咲（2014）「社会的養護におけるライフチャンス保障―国内外の『当事者活
　　動』の役割とレジリエンスに注目して―」『ユニベール財団研究助成研究報告書』.

※本研究の一部実施にあたっては、平成 27 年度科学研究費助成事業（科学研究費
　　補助金）特別研究員推奨費（課題番号 15J02715）の助成を受けている。

引用文献

阿部 彩 (2008)『子どもの貧困―日本の不平等を考える―』岩波書店.

青木 紀 (1997)「貧困の世代的再生産―教育との関連で考える―」庄司洋子・杉村 宏・藤村正之編『貧困・不平等と社会福祉』有斐閣, 129-146.

新たな社会的養育の在り方に関する検討会 (2017)「新しい社会的養育ビジョン（平成29年8月2日）」.

有村大士・山本恒雄・永野 咲・ほか (2013)「児童養護施設におけるアフターケアの専門性と課題に関する研究」『日本子ども家庭総合研究所紀要』50 (http://www.aiiku.or.jp/aiiku/kiyo/49pdf/49-111.pdf, 2015.12.15).

浅井春夫 (2008)「人生のはじめの社会保障としての子どもの貧困克服―『積極的格差』の原則により『しあわせ平等』を支える―」浅井春夫・松本伊智朗・湯澤直美編『子どもの貧困―子ども時代のしあわせ平等のために―』明石書店, 330-376.

粟津美穂 (2006)『ディープ・ブルー 虐待を受けた子どもたちの成長と困難の記録―アメリカの児童保護ソーシャルワーク―』太郎次郎社エディタス.

Buchanan, Ann (1999) Are Care Leavers Significantly Dissatisfied and Depressed in Adult Life?, *Adoption and Fostering*, 23 (4), 35-40.

Courtney, Mark E., Dworsky, A. and Hook, J. et al. (2011) *Midwest Evaluation of the Adult Functioning of Former Foster Youth*, Chapin Hall at the University of Chicago.

Dahrendorf, Ralf (1979) *Lebenschancen. Anläufe zur sozialen und politischen Theorie*, Suhrkamp, Frankfurt a.M.（= 1982, 吉田博司・田中康夫・加藤秀治郎訳『ライフ・チャンス―「新しい自由主義」の政治社会学―』創世記., =1987, 吉田博司・田中康夫・加藤秀治郎訳『新しい自由主義―ライフ・チャンス―』学陽書房.)

Department of Health (1998a) *Mordernising Social Services*.

Department of Health (1998b) *The Quality Protects Programme: Transforming Children's Services*.

Fraser, Mark W. (2004) *Risk and Resilience in Childhood on Ecological Perspective*, 2nd ed., NASW Press（=2009, 門永朋子・岩間伸之・山縣文治訳『子どものリスクとレジリエンス―子どもの力を活かす援助―』ミネルヴァ書房.)

藤村正之 (2008)『〈生〉の社会学』東京大学出版会.

古川孝順・庄司洋子・大橋謙策・ほか (1983)「養護施設退園者の生活史分析」『社会事業

の諸問題（日本社會事業短期大學研究紀要）』29, 151-263.

Goodman, Roger (2000) *Children of the Japanese Stat: The Changing Role of Child Protection Institution in Contemporary Japan*, Oxford University Press.（＝2006, 津崎哲雄訳『日本の児童養護―児童養護学への招待―』明石書店.）

原田綾子（2008）『「虐待大国」アメリカの苦闘』ミネルヴァ書房.

長谷川眞人（2000）『児童養護施設の子どもたちはいま―過去・現在・未来を語る―』三学出版.

早川悟司（2008）「児童養護施設における高校卒業後の進学支援―支援標準化の視点から―」日本福祉大学大学院修士論文.

檜山雅人（2011）『自由とライフチャンス―ダーレンドルフの政治・社会理論―』一藝社.

北海道養護施設協議会（1989）『養護施設退所児童実態調査報告書』.

ヒューマン・ライツ・ウォッチ（2014）「夢がもてない―日本における社会的養護下の子どもたち―」（http://www.hrw.org/sites/default/files/reports/japan0514jp_ForUploadR.pdf, 2015.12.15）.

伊部恭子（2013）「施設退所後に家庭復帰をした当事者の生活と支援」『佛教大学社会福祉学部論集』9, 1-25.

伊部恭子（2015）「社会的養護における支援課題としての権利擁護と社会関係の形成―社会的養護経験者の生活史聞き取りから―」『福祉教育開発センター紀要』12, 1-16.

井上靖子（2015）「児童養護施設経験者の心理と支えについての一考察―『語られない語り』への関わりの観点から―」『兵庫県立大学環境人間学部研究報告』17, 1-13.

伊藤嘉余子（2010）「児童養護施設入所児童が語る施設生活―インタビュー調査からの分析―」『社会福祉学』50（4）, 82-95.

神奈川県児童福祉施設職員研究会調査研究委員会（2013）「神奈川県児童養護施設等退所者追跡調査神児研研修報告」（http://www.knsyk.jp/s/shiryou/pdf/24taisyojidou_houkoku.pdf, 2015.12.15）.

神奈川県児童福祉施設職員研究会調査研究委員会（2015）「施設のリービングケアとアフターケアの実態と提言」.

苅谷剛彦（2001）『階層化日本と教育危機―不平等再生産から意欲格差社会（インセンティブ・ディバイド）へ―』有信堂高文社.

加藤秀治郎・檜山雅人（2006）「ダーレンドルフの政治・社会理論―解説①」R・ダーレンドルフ著, 加藤秀治郎・檜山雅人編監訳『増補版　政治・社会論集―重要論文選』晃洋書房, 214-252.

Kerr, Mark (2013) *Outcomes of Care: A 4-year Study Investigating Evidence Base for LAC Policy,*

E・S・R・C Economic & Social research Council.

喜多一憲・長谷川眞人・神戸賢次・ほか編（2009）『児童養護と青年期の自立支援―進路・進学問題を展望する―』ミネルヴァ書房.

国分美希（2001）「被虐待体験からの再生と成長を支えるもの―フォローアップ調査をもとに―」『臨床心理学』1（6）, 757-763.

小西祐馬（2007）「子どもの貧困とライフチャンスの不平等―構造的メカニズムの解明のために―」岩川直樹・伊田広行『貧困と学力』明石書店, 114-131.

小西祐馬（2008）「先進国における子どもの貧困研究―国際比較研究と貧困の世代的再生産をとらえる試み―」浅井春夫・松本伊智朗・湯澤直美編『子どもの貧困』明石書店, 276-301.

厚生労働省（2009）「児童養護施設入所児童等調査結果の概要」（http://www.mhlw.go.jp/toukei/saikin/hw/jidouyougo/19/index.html, 2015.12.15）.

厚生労働省（2011）「社会的養護の現状について（参考資料）平成23年7月」（http://www.mhlw.go.jp/stf/shingi/2r9852000001j8zz-att/2r9852000001j940.pdf, 2015.12.15）.

厚生労働省（2012）「社会的養護の現状について（参考資料）平成24年1月」（http://www.mhlw.go.jp/stf/shingi/2r985200000202we-att/2r9852000002031c.pdf, 2017.10.7）

厚生労働省（2017a）「社会的養護の現状について（参考資料）平成29年7月」（http://www.mhlw.go.jp/file/06-Seisakujouhou-11900000-Koyoukintoujidoukateikyoku/0000172986.pdf, 2017.9.7）.

厚生労働省（2017b）「平成28年度 児童相談所での児童虐待相談対応件数〈速報値〉」（http://www.mhlw.go.jp/file/04-Houdouhappyou-11901000-Koyoukintoujidoukateikyoku-Soumuka/0000174478.pdf, 2017.9.7）.

厚生労働省雇用均等・児童家庭局（2011）「児童養護施設入所児童（高等学校卒業児童）進路状況一覧表（都道府県・指定都市・児童相談所設置別）」『全国児童福祉主管課長会議』（http://www.mhlw.go.jp/stf/shingi/2r985200000143v4-att/2r9852000001442e.pdf, 2015.12.15）.

厚生労働省雇用均等・児童家庭局（2015）「児童養護施設入所児童等調査結果」（http://www.mhlw.go.jp/toukei/saikin/hw/jidouyougo/19/, 2015.12.15）.

厚生労働省雇用均等・児童家庭局家庭福祉課（2015）「社会的養護の課題と将来像の実現に向けて平成27年4月」（http://www.mhlw.go.jp/file/06-Seisakujouhou-11900000-Koyoukintoujidoukateikyoku/0000064019.pdf, 2015.1.9）.

厚生労働省雇用均等・児童家庭局家庭福祉課（2017）「社会的養護の課題と将来像の実現に向けて平成29年8月」（http://www.mhlw.go.jp/file/06-Seisakujouhou-11900000-Ko

youkintoujidoukateikyoku/0000172985.pdf, 2017.9.7).

松本伊智朗（1987）「養護施設卒園者の『生活構造』―『貧困』の固定的性格に関する一考察―」『北海道大学教育学部紀要』49, 43-119.

松本伊智朗（1990）「養護施設卒園者の生活と意識」『帯広大谷短期大学紀要』27, 79-104.

Mill, John S. (1859) *On Liberty*, J. W. Parker and Son.（＝1971, 塩尻公明・木村健康訳『自由論』岩波文庫.）

文部科学省（2005）「児童生徒の問題行動等生徒指導上の諸問題に関する調査」（http://www.e-stat.go.jp/SG1/estat/List.do?lid=000001056081, 2011.7.26).

文部科学省（2010）「平成 22 年度学校基本調査（速報）」（http://www.e-stat.go.jp/SG1/estat/NewList.do?tid=000001011528, 2015.12.15).

永野　咲（2012）「児童養護施設で生活する子どもの大学等進学に関する研究―児童養護施設生活経験者へのインタビュー調査から―」『社会福祉学』52（4）, 28-40.

永野　咲（2013）「東京都・児童養護施設における『問題』の変遷に関する探索的研究―児童部会調査『児童養護施設の状況』に対する二次分析から―」『児童福祉研究』東京都社会福祉協議会児童部会, 25, 80-94.

長瀬正子（2008）「児童養護施設経験者の大学進学等を支えたもの」『児童養護施設経験者に関する調査研究 2007 年度報告書』大阪人権教育啓発事業推進協議会, 49-65.

長瀬正子（2010）「児童養護施設で生活する子どもの家庭背景と教育達成」部落解放・人権研究所（http://blhrri.org/kenkyu/project/project_houkokusho/14/0003.html, 2014.10.27).

長瀬正子（2011）「高学歴達成を可能にした条件―大学等進学者の語りから―」西田芳正編著『児童養護施設と社会的排除―家族依存社会の臨界―』解放出版社, 113-132.

楢原真也（2015）『子ども虐待と治療的養育―児童養護施設におけるライフストーリーワークの展開―』金剛出版.

西田芳正（2005）「遊びと不平等の再生産―限定されたライフチャンスとトランジッション―」部落解放・人権研究所編『排除される若者たち―フリーターと不平等の再生産―』解放出版社, 86-115.

西田芳正（2011）「家族依存社会、社会的排除と児童養護施設」西田芳正編著 , 妻木慎吾・長瀬正子・内田龍史著『児童養護施設と社会的排除―家族依存社会の臨界―』解放出版社 197-206.

西田芳正編著 , 妻木慎吾・長瀬正子・内田龍史著（2011）『児童養護施設と社会的排除―家族依存社会の臨界―』解放出版社.

小川利夫・村岡末広・長谷川真人・ほか（1983）『ぼくたちの 15 歳―養護施設児童の高校

進学問題―』ミネルヴァ書房.

大阪市 (2012) 「施設退所児童支援のための実態調査報告書」.

Pecore, Peter J., Williams, J. and Kessler, R. C. et al. (2003) *Assessing the Effects of Foster Care: Early Result from the Casey National Alumni Study*, Casey Family Programs.

Pecore, Peter J., Kessler, R. C. and Williams, J. et al. (2005) *Improving Family Foster Care: Findings from the Northwest Foster Care Alumni Study*, Casey Family Programs.

Peters, Clarl M., Dworsky. A. and Courtney, M. E. et al. (2009) *The benefits and costs of extending foster care to age 21*, Chapin Hall at the University of Chicago.

Ryan Tony, Walker R. (2007) *Life Story Work: A Practical Guide to Helping Children Understand Their Past*, the British Association for Adoption and Fostering. (＝2010, 才村眞理・浅野恭子・益田啓裕監訳『生まれた家族から離れて暮らす子どもたちのためのライフストーリーワーク実践ガイド』福村出版)

両見志麻 (2005)「児童養護施設卒園生へのナラティブ・アプローチ―施設で育ったわたしの物語―」武蔵野大学大学院紀要 5, 99-112.

埼玉県福祉部子ども安全課 (2013)「埼玉県における児童養護施設等退所者への実態調査報告書」.

佐藤郁哉 (2008)『質的データ分析法―原理・方法・実践―』新曜社.

Saunders, Lesley and Broad, B. (1997) *The Health Needs of Young People Leaving Care*, Leicester: De Montfort University.

青少年福祉センター編 (1975)『絆なき者たち』人間の科学社.

青少年福祉センター編 (1989)『強いられた「自立」』ミネルヴァ書房.

静岡県児童養護施設協議会 (2012)「静岡県における児童養護施設退所者への実態調査報告書」.

田中理絵 (2004)『家族崩壊と子どものスティグマ―家族崩壊後の子どもの社会化研究―』九州大学出版会.

谷口由希子 (2006)「児童養護施設の子どもたちと生活の立て直しの困難性―脆弱な生活基盤の家族・子どもと社会的排除の様相―」『教育』731, 国土社, 26-33.

谷口由希子 (2011)『児童養護施設の子どもたちの生活家庭―子どもたちはなぜ排除状態から抜け出せないのか―』明石書店.

特定非営利活動法人ビッグイシュー基金 (2010)「若者ホームレス白書」.

東京都福祉保健局 (2005)『児童虐待の実態 II』.

東京都福祉保健局 (2010)「月報（福祉・衛生行政統計）（2010年度1月）」(http://www.fukushihoken.metro.tokyo.jp/kiban/chosa_tokei/geppo/2010/january/jajanua1/index.

html　2011.11.6).

東京都福祉保健局 (2011)「東京都における児童養護施設等退所者へのアンケート調査報
　　告書」.

東京都社会福祉協議会 (2008)『女性福祉の砦から―生きる力を再び得るために―』.

東京都社会福祉協議会児童部会調査研究部 (2004)「児童養護施設退所児童の追跡調査―
　　平成 13 年度就労自立をした 145 名について―」『児童部紀要　平成 14 年度版』, 23-32.

妻木進吾 (2011)「児童養護施設経験者の学校から職業への移行過程と職業生活」西田芳
　　正編著『児童養護施設と社会的排除―家族依存社会の臨界―』解放出版社, 133-155.

堤圭史郎 (2008)「『ネットカフェ生活者』の析出に関する生育家族からの考察」特定非営
　　利活動法人釜ヶ崎支援機構・大阪市立大学大学院創造都市研究科『若年不安定就労・不
　　安定住居者聞取り調査』報告書―「若年ホームレス生活者」への支援の模索―』, 53-65.

津崎哲雄監修・著訳, レイサ・ペイジ, ジョージ・A・クラーク原著編 (2010)『養護児童
　　の声―社会的養護とエンパワメント―』明石書店.

津崎哲雄 (2013)『英国の社会的養護の歴史―子どもの最善の利益を保障する理念・施策
　　の現代化のために―』明石書店.

内田龍史 (2011)「児童養護施設生活者／経験者のアイデンティティ問題」西田芳正編著
　　『児童養護施設と社会的排除―家族依存社会の臨界―』解放出版社, 158-177.

Weber, Max (1922) *Soziologische Grundbegriffe*. (＝1971, 清水幾太郎訳『社会学の根本概念』
　　岩波文庫.)

Wolin, Steven J. and Wolin, S. (1993) *The Resilient Self: How survivor of Troubled Families Rise
　　Above Adversity*, New York:Villard Books. (＝2002, 奥野　光・小森康永訳『サバイバーと
　　心の回復力―逆境を乗り越えるための七つのリジリアンス―』金剛出版.)

山縣文治・柏女霊峰編 (2013)『社会福祉用語辞典 (第 9 版)』ミネルヴァ書房.

横田千代子 (2009)「婦人保護施設における児童養護施設生活経験者」東京都社会福祉協
　　議会児童部会『児童福祉研究』24, 84-88.

全国児童養護施設協議会編 (2006)『全国児童養護施設長研究協議会第 60 回記念大会資
　　料』.

全国児童養護施設協議会調査研究部 (2006)『児童養護施設における子どもたちの自立支
　　援の充実に向けて―平成 17 年度児童養護施設入所児童の進路に関する調査報告書―』.

全国社会福祉協議会 (2009)『子どもの育みの本質と実践』社会的養護を必要とする児童
　　の発達・発育過程におけるケアと自立支援の拡充のための調査研究事業調査研究報告書.

参考文献

阿部　彩（2014）『子どもの貧困Ⅱ—解決策を考える—』岩波新書.

秋元美世（2004）『児童青少年保護をめぐる法と政策—イギリスの史的展開を踏まえて—』中央法規出版.

秋元美世（2010）『社会福祉の利用者と人権—利用関係の多様化と権利保障—』有斐閣.

秋元美世（2015）「エリジビリティとエンタイトルメント—社会保障の給付関係を理解する視点として—」『週刊社会保障』2826, 48-53.

青木　紀（2003）『現代日本の「見えない」貧困—生活保護受給母子世帯の現実—』明石書店.

Barter, Christine, Renold, E. and Beridge, D. et al. (2004) *Peer Violence in Children's Residential Care*, Palgrave Macmillan.（= 2009, 岩崎浩三訳『児童の施設養護における仲間による暴力』筒井書房.）

Belsky, Jay, Barnes, J. and Melhuish, E. (2007) *The National Evaluation of Sure Start: Does area-based early intervention work?*, Policy Pr,（= 2013, 清水隆則監訳『英国の貧困児童家庭の福祉政策—"Sure Start" の実践と評価—』明石書店.）

部落解放・人権研究所編（2005）『排除される若者たち—フリーターと不平等の再生産—』解放出版社.

Children's Views & Voices・長瀬正子（2015）『社会的養護の当事者支援ガイドブック—CVV の相談支援—』Children's Views & Voices.

Courtney, Mark E. and Iwaniec, D. (2009) *Redidential Care of Children: Comparative Perspectives*, Oxford University Press.（= 2010, 岩崎浩三・三上邦彦監訳『施設で育つ世界の子どもたち』筒井書房.）

Dahrendorf, Ralf (1959) *Class and Class Conflict in Industrial Society*, Stanford University Press.（= 1964, 富永健一訳『産業社会における階級および階級闘争』ダイアモンド社.）

Dahrendorf, Ralf (1992) *Der modern soziale Konflik*, Deutsche Verlags-Anstalt, Stuttgart.（= 2001, 加藤秀治郎・檜山雅人訳『現代の社会紛争』世界思想社.）

Department of Health (1991) *Patterns & Outcomes in Child Placement: Messages from current research and their implications*, British Crown.（= 1995, 林　茂男・網野武博監訳『英国の児童ケア—その新しい展開—』中央法規出版.）

Devereux, Stephen (2001) Sen's Entitlement Approach: Critiques and Counter-critiques,

Oxford Development Studies, 29 (3), 245–263.

Draucker, Claire B. (1992) *Counselling Survivors of Childhood Sexual Abuse*, Sage Publications.
（＝1997, 北山秋雄・石井絵里子訳『子どもの性的虐待サバイバー―癒しのためのカウンセリング技法―』現代書館.）

Duncalf, Zachari (2010) *Listen Up! Adult Care Leavers Speak Out: The vies of 301 care leavers aged 17-78*, Care Leavers' Association.

江口英一編（1981）『社会福祉と貧困』法律文化社.

越後美由紀（2011）「児童養護施設退所者の高校卒業後の進学における考察」『名古屋芸術大学研究紀要』32, 19–31.

Finkelhor, David (2008) *Childhood Victinization: Violence, Crime, and Abuse in the Lives of Young People*, Oxford University Press.（＝2010, 森田ゆり・金田ユリ子・定政由里子・ほか訳『子ども被害者学のすすめ』岩波書店.）

Flick, Uwe (1995) *Qualitative Forschung*, Rowohlt Taschenbuch Verlag GmbH.（＝2002, 小田博志・山本則子・春日　常・ほか訳『質的研究入門―〈人間科学〉のための方法論―』春秋社.）

福島　智（2011）『盲ろう者として生きて―指点字によるコミュニケーションの復活と再生―』明石書店.

鳫　咲子（2013）『子どもの貧困と教育機会の不平等―就学援助・学校給食・母子家庭をめぐって―』明石書店.

Giddens, Anthony (1991) *Modernity and Self-Identity: Self and Social in the Late Modern Age*, Polity.（＝2005, 秋吉美都・安藤太郎・筒井淳也訳『モダニティと自己アイデンティティー―後期近代における自己と社会―』ハーベスト社.

Goffman,Erving (1963) *Stigma: Notes on the Management of spoiled Identity*, Prentice-Hall.（＝1980, 石黒　毅訳『スティグマの社会学―烙印を押されたアイデンティティ―』せりか書房.）

後藤広史（2013）『ホームレスからの「脱却」に向けた支援―人間関係・自尊感情・「場」の保障―』明石書店.

Grant, Anne, Ennis, J. and Stuart F. (2002) Looking After Health: A Joint Working Approach to Improving the Health Outcomes of Looked After and Accommodated Children and Young People, *Scottish Journal of Residential Child Care*, 1, 23-29.

原　史子（2005）「児童養護施設入所児童の家族的背景と家族への支援（1）」金城学院大学論集社会科学編2 (1), 47-66.

Hauser, Stuart T., Allen, J. P. and Golden, E. (2008) *Out of the Woods*, Harvard University Press.

（＝2011, 仁平説子・仁平義明訳『ナラティブから読み解くレジリエンス─危機的状況から回復した「67分の9」の少年少女の物語─』北大路書房.）

林　浩康（2004）『児童養護施策の動向と自立支援・家族支援─自尊感情の回復と家族の協働─』中央法規.

林　浩康（2008）『子ども虐待時代の新たな家族支援─ファミリーグループ・カンファレンスの可能性─』明石書店.

廣瀬さゆり（2007）「児童養護の当事者による、自立の力を育む援助に関しての一考察─児童養護施設特有の自立の課題と自立を育む要素の検証─」2006年度東洋大学社会学部卒業論文.

HM Government (2007) *Care matters: Transforming the Lives of Children and Young People in care*.

Holman, Bob (1996) The Corporate Parent: Manchester Children's Department 1948-1971, Russell House Publishing Limited.（＝2001, 津崎哲雄・山川宏和訳『社会的共同親と養護児童─イギリス・マンチェスターの児童福祉実践─』明石書店.）

本田由紀（2009）『教育の職業的意義─若者・学校・社会をつなぐ─』筑摩書房.

本田由紀（2014）『社会を結びなおす─教育・仕事・家族の連携へ─』岩波書店.

堀　正嗣・栄留里美・河原畑優子編著（2011）『イギリスの子どもアドボカシー─その政策と実践─』明石書店.

堀場純矢（2008）「児童養護問題の構造と子育て世帯との共通性─児童養護施設5カ所の実態調査から─」『子どもと福祉』1, 96-103.

Hoseltin, James A. and Gubrium, J. F. (1995) *The Active Interview*, Sage Publication.（＝2004, 山田富秋・金子　一・倉石一郎・ほか訳『アクティブ・インタビュー─相互行為としての社会調査─』せりか書房）

星加良司（2007）『障害とは何か─ディスアビリティの社会理論に向けて─』生活書院.

飯島裕子・ビッグイシュー基金（2011）『ルポ若者ホームレス』筑摩書房.

岩川直樹・伊田広行編著（2007）『未来への学力と日本の教育8　貧困と学力』明石書店.

岩田正美・小林良二・中谷陽明・ほか編（2006）『社会福祉研究法─現実世界に迫る14レッスン─』有斐閣アルマ.

岩田正美（2007）『現代の貧困─ワーキングプア／ホームレス／生活保護─』筑摩書房.

岩田正美（2008）『社会的排除─参加の欠如・不確かな帰属─』有斐閣.

岩田正美（2011）「家族と福祉から排除される若者」宮本みち子・小杉礼子編（2011）『二極化する若者と自立支援─「若者問題」への接近─』明石書店, 56-73.

岩田泰夫（2010）『セルフヘルプ運動と新しいソーシャルワーク実践』中央法規

児童養護研究会（1994）『養護施設と子どもたち』朱鷺書房.

金子絵里乃（2009）『ささえあうグリーフケア―小児がんで子どもを亡くした15人の母親のライフ・ストーリー―』ミネルヴァ書房.

鹿又伸夫（2001）『機会と結果の不平等―世代間移動と所得・資産格差―』ミネルヴァ書房.

苅谷剛彦（2008）『学力と階層―教育の綻びをどう修正するか―』朝日新聞出版.

喜多一憲・長谷川眞人・神戸賢次・ほか（2009）『児童養護と青年期の自立支援―進路・進学問題を展望する―』ミネルヴァ書房.

小林雅之（2008）『進学格差―深刻化する教育費負担―』ちくま新書.

『子どもが語る施設の暮らし』編集委員会編（1999）『子どもが語る施設の暮らし』明石書店.

『子どもが語る施設の暮らし』編集委員会編（2003）『子どもが語る施設の暮らし2』明石書店.

小西祐馬（2006）「子どもの貧困研究の動向と課題」『社会福祉学』46（3），98-108.

河野荘子（2009）「Resilience Process としての非行からの離脱」『犯罪社会学研究』34，32-46.

倉石一郎（2009）『包摂と排除の教育学―戦後日本社会とマイノリティへの視座―』生活書院.

LaGory, Mark, Fitzpatrick, K. and Ritchey, F. (2001) Life Chances and Choices: Assessing Quality of Life among the Homeless, *The Sociological Quarterly*, 42 (4), 633-651.

Lindsey, Duncan (2003) *The Welfare of Children*, Oxford University Press.

Marshall, Thomas H. and Bottomore, T. (1992) *Citizenship and Social Class*, Pluto Press. （＝1993, 岩崎信彦・中村健吾訳『シティズンシップと社会的階級』法律文化社.）

Maruna, Shadd (2001) *Making Good: How Ex-Convicts Reform and Rebuild Their Lives*, American Psychological Association. （＝2013, 津富 宏・河野荘子訳『犯罪からの離脱と『人生のやり直し』明石書店.）

増淵千保美（2008）『児童養護問題の構造とその対策体系―児童福祉の位置と役割―』高菅出版.

松本伊智朗編著（2010）『子ども虐待と貧困―「忘れられた子ども」のいない社会をめざして―』明石書店.

松本伊智朗編著（2013）『子ども虐待と家族―「重なり合う不利」と社会的支援―』明石書店.

Mayeroff, Milton (1971) *On Caring*, Harper & Row: Stated First Edition. （＝1987, 田村 真・

向野宣行訳『ケアの本質―生きることの意味―』ゆみる出版.)

Mill, John S.（1861）*Utilitarianism*, Fraser's Magazine.（＝1967, 関　嘉彦編『世界の名著　ベンサム　J. S. ミル』中央公論社.)

宮内　洋・好井裕明編著（2010）『〈当事者〉をめぐる社会学―調査での出会いを通して―』北大路書房.

森　実（2006）「児童養護施設の子どもの教育保障」『子どもの虐待とネグレクト』8 (2), 195-201.

森田明美（2015）「10 代の母親の子育て支援―現状とその課題―」乙部由子・山口佐和子・伊里タミ子編著『社会福祉とジェンダー　杉本貴代栄先生退職記念論集』ミネルヴァ書房, 247-269.

森田洋司（2003）『不登校―その後―不登校経験者が語る心理と行動の軌跡―』教育開発研究所.

森田ゆり（1999）『子どもと暴力』岩波書店.

望月　彰（2006）『子どもの社会的養護―出会いと希望のかけはし―』建帛社.

永井憲一・寺脇隆夫・喜多明人・ほか（2000）『新解説　子どもの権利条約』日本評論社.

永野　咲（2014）「社会的養護における『ライフチャンス』概念」『東洋大学大学院紀要』50, 119-137.

永野　咲・有村大士（2014）「社会的養護措置解除後の生活実態とデプリベーション―二次分析による仮説生成と一次データからの示唆―」『社会福祉学』54 (4), 28-40.

中村清二（2008）「児童養護施設経験者の体験と権利保障の課題―家庭・地域、学校、施設、社会への移行（就職）、社会意識について―」社団法人部落解放・人権研究所編『児童養護施設経験者に関する調査研究　2007 年度報告書』, 17-48.

中西正司・上野千鶴子（2003）『当事者主権』岩波新書.

根本博司・坂下富雄・菊地和雄・ほか（1985）「児童施設出身者の社会生活の特質に関する研究」『安田生命社会事業団研究助成論文集』20, 94-103.

西田芳正（2012）『排除する社会・排除に抗する学校』大阪大学出版会.

西原尚之（2006）「『養護型不登校』における教育デプリベーション―補償教育システムおよび家族との協働の必要性について―」『社会福祉学』46 (3), 87-97.

西村　愛「社会福祉分野における当事者主体概念を検証する」『大原社会問題研究所雑誌』645, 法政大学大原社会問題研究所, 30-42.

NPO 法人社会的養護の当事者参画推進団体日向ぼっこ編著（2009）『施設で育った子どもたちの居場所「日向ぼっこ」と社会的養護』明石書店.

奥田知志・稲月　正・垣田裕介・ほか（2014）『生活困窮者への伴走型支援―経済的困窮

得権益と子どもの福祉―』日本加除出版.

津崎哲雄（2009b）「私が日向ぼっこに期待するわけ―当事者活動の社会的な意義―」NPO 法人社会的養護の当事者参画推進団体日向ぼっこ編著（2009）『施設で育った子どもたちの居場所「日向ぼっこ」と社会的養護』明石書店, 161-169.

上野千鶴子・中西正司編（2008）『ニーズ中心の福祉社会へ―当事者主権の次世代福祉戦略―』医学書院.

上野千鶴子（2011）『ケアの社会学―当事者主権の福祉社会へ―』太田出版.

上野加代子（2006）『児童虐待のポリティクス―「こころ」の問題から「社会」の問題へ―』明石書店.

上野加代子・小木曽宏・鈴木崇之・ほか編著（2002）『児童虐待時代の福祉臨床学―子ども家庭福祉のフィールドワーク―』明石書店.

浦河べてるの家（2002）『べてるの家の「非」援助論―そのままでいいと思えるための 25 章―』医学書院.

浦河べてるの家（2005）『べてるの家の「当事者研究」』医学書院.

内海新祐（2013）『児童養護施設の心理臨床―『虐待』のその後を生きる―』日本評論社.

渡井さゆり（2014）『「育ち」をふりかえる―「生きてていい」、そう思える日はきっとくる―』岩波書店.

山縣文治・林　浩康（2007）『社会的養護の現状と近未来』明石書店.

山野良一（2008）『子どもの最貧国・日本―学力・心身・社会におよぶ諸影響―』光文社新書.

吉田恭爾（1982）「要養護問題の多様化と複雑化」『季刊児童養護』13（1）, 4-7.

吉川　徹（2006）『学歴と格差・不平等―成熟する日本型学歴社会―』東京大学出版会.

湯浅　誠（2007）『貧困襲来』山吹書店.

著者紹介

永野 咲（ながの・さき）

武蔵野大学人間科学部社会福祉学科講師。博士（社会福祉学）、NPO法人IFCA副理事長、社会福祉士。専門は子どもと家庭の福祉。特に社会的養護を経験した若者のその後の把握と当事者の参画を中心に研究・実践を行う。埼玉大学卒業、東洋大学大学院福祉社会デザイン研究科社会福祉学専攻博士前期課程・後期課程修了、日本学術振興会特別研究員（PD）などを経て、2020年より現職。本書の他、主な著書に『シリーズ子どもの貧困④ 大人になる・社会をつくる』（明石書店、2020年）、『すき間の子ども、すき間の支援』（明石書店、2021年）など。

社会的養護のもとで育つ若者の「ライフチャンス」
——選択肢とつながりの保障、「生の不安定さ」からの解放を求めて

2017年12月10日　初版第1刷発行
2021年10月20日　初版第2刷発行

　　　　　　　　著　者　　永　野　　咲
　　　　　　　発行者　　大　江　道　雅
　　　　　　　発行所　　株式会社　明石書店
　　　　〒101-0021　東京都千代田区外神田6-9-5
　　　　　　　　　　電　話　03（5818）1171
　　　　　　　　　　FAX　　03（5818）1174
　　　　　　　　　　振　替　00100-7-24505
　　　　　　　　　　https://www.akashi.co.jp

　　　　　　　装　丁　　明石書店デザイン室
　　　　　　　印　刷　　株式会社文化カラー印刷
　　　　　　　製　本　　本間製本株式会社

（定価はカバーに表示してあります）
ISBN978-4-7503-4595-6

社会的養護の子どもと措置変更

養育の質とパーマネンシー保障から考える

伊藤嘉余子 編著

A5判／並製／216頁 ◎2600円

日本の社会的養護における措置変更のあり方を通して、子どもにとってのパーマネンシー保障を照射する意欲作。児童福祉施設の実践者と研究者が措置変更の現状と課題を調査・分析し、子どもの最善の利益に配慮した養育プロセスについて考察した共同研究の成果。

必携 市区町村 子ども家庭総合支援拠点 スタートアップマニュアル

鈴木秀洋 著

■A5判／並製／226頁 ◎2200円

平成28年の児童福祉法改正で子どもの権利の主体性を保障することが明記された。その実現のための支援拠点整備は、児童相談所中心主義（点支援）から市区町村中心主義（面支援）への転換である。支援拠点の制度設計から運営まで、その機能・要件を分かりやすく解説する。

〈価格は本体価格です〉

ソーシャルワーク
人々をエンパワメントする専門職

ブレンダ・デュボワ、カーラ・K・マイリー 著
北島英治 監訳　上田洋介 訳

B5判／上製／644頁 ◎20000円

ソーシャルワーカーとして身につけるべき10のコア・コンピテンシー（核となる専門的力量）の習得を目的に執筆された米国の教科書。ストレングス、人権、社会正義という今日的テーマを織り込みながら、ソーシャルワーク専門職とはどのような仕事なのかについて平易に解説。

スクールソーシャルワークハンドブック
実践・政策・研究

キャロル・リッペイ・マサット ほか 編著
山野則子 監修

B5判／上製／640頁 ◎20000円

米国で長くスクールソーシャルワークのための不朽の教科書と評価されてきた基本図書。エビデンスに基づく実践だけでなく、学校組織や政策との関連、マクロ実践まで豊富な事例と内容から論じ、これからのソーシャルワークの実践と教育には欠かせない必読書である。

〈価格は本体価格です〉

すき間の子ども、すき間の支援

一人ひとりの「語り」と経験の可視化

村上靖彦 編著

■四六判／並製／276頁 ◎2400円

子どもや親が抱える困難はそれぞれに異なり、個別のストーリーによって初めて感じ取ることができるリアリティがある。統計からは見えにくい困難と支援のダイナミズムを子どもや親、支援者の「語り」を軸にして、リアルなものの一端を可視化する挑戦的な試み。

ソーシャルペダゴジーから考える 施設養育の新たな挑戦

マーク・スミス、レオン・フルチャー、ピーター・ドラン 著
楢原真也 監訳
益田啓裕、永野咲、徳永祥子、丹羽健太郎 訳

■A5判／上製／272頁 ◎2500円

家庭養護の推進という国際的な動向の中で、その先頭を走ってきたイギリスでは、施設養育の意義や専門性を見直そうとする動きが起こっている。その理論的な柱となるソーシャルペダゴジーの概念を手がかりに、今後のわが国の社会的養育のあり方を考察する。

〈価格は本体価格です〉

シリーズ

みんなで育てる家庭養護

里親・ファミリーホーム・養子縁組

相澤仁 [編集代表]

これまでの子どものケアワーク中心の個人的養育から、親子の関係調整など多職種・多機関との連携によるソーシャルワーク実践への転換をはかる、里親・ファミリーホームとそれを支援する関係機関に向けた、画期的かつ総合的な研修テキスト。

◎B5判／並製／◎各巻 2,600円

① **家庭養護のしくみと権利擁護**
澁谷昌史、伊藤嘉余子[編]

② **ネットワークによるフォスタリング**
渡邊守、長田淳子[編]

③ **アセスメントと養育・家庭復帰プランニング**
酒井厚、舟橋敬一[編]

④ **中途からの養育・支援の実際**
——子どもの行動の理解と対応
上鹿渡和宏、御園生直美[編]

⑤ **家庭支援・自立支援・地域支援と当事者参画**
千賀則史、野口啓示[編]

〈価格は本体価格です〉

シリーズ 子どもの貧困
【全5巻】

松本伊智朗【シリーズ編集代表】

◎A5判／並製／◎各巻 2,500円

① **生まれ、育つ基盤**
子どもの貧困と家族・社会
松本伊智朗・湯澤直美 [編著]

② **遊び・育ち・経験** 子どもの世界を守る
小西祐馬・川田学 [編著]

③ **教える・学ぶ** 教育に何ができるか
佐々木宏・鳥山まどか [編著]

④ **大人になる・社会をつくる**
若者の貧困と学校・労働・家族
杉田真衣・谷口由希子 [編著]

⑤ **支える・つながる**
地域・自治体・国の役割と社会保障
山野良一・湯澤直美 [編著]

〈価格は本体価格です〉